U0136231

古月齋叢刊 1

中國大學名師講義 李正中輯編

中國大學名師講義【第三冊】

法學通論 國際公法

王漱蘋 著／丁性平 著

蘭臺出版社

作者簡介

（二〇一一年秋 攝影師 駱金彪 攝于古月齋）

李正中

著名中國古瓷與歷史文化學家、教育家。

祖籍山東諸城，一九三〇年出生於吉林省長春市。

北平中國大學史學系肄業，畢業於華北大學。

歷任： 天津教師進修學院教務長。
天津大學冶金分校教務處長、教授。
天津社會科學院中國文化研究中心主任、研究員。

現任： 天津理工大學經濟與文化研究所特聘教授。
天津文史研究館館員。
天津市商業文化協會榮譽會長。
香港世界華文文學家協會顧問。
天津市語言文字培訓測試中心、專家學術委員會主任。

（《不敢逾矩文集》匯編組供稿）

序言　學術傳承與教學導師

一九一二年十月十日中華民國建立，孫中山先生為了培養國家棟樑人才以樹百年大計，決定創辦第一所國立大學；於民國二年（1913）成立「中國大學」並親任董事長。中山先生對辦此大學非常重視，草創初期以國家要員擔任該校長並以「中國」為其校名，第一任校長是宋教仁、第二任是黃興，這在近代教育史上是絕無僅有。

大學校址設在北平鄭親王府舊址，其正廳改名為「逸仙堂」，作為學校集會的禮堂。一九三六年何其鞏為當時校長，他原為北平市長，是位愛國者，他在大廳親書楹聯：「讀古今中外之書志其大者，以國家民族之任勉我學人」，作為校訓。學校當時設立文理法三個學院、九個系、一個研究院，又附設一所中學（今北京中山中學）。「九一八」日寇侵入東北，東三省淪陷，許多學生流亡北平都插班入中國大學就讀，在校生最多時曾達三千多人。

該校知名學者教授林立，如李大釗、藍公武、吳承仕、呂復、李達、黃松齡、曹靖華、呂振羽等。特別是抗日戰爭爆發後，學校受國民政府令留在北平繼續辦學，政府資援因戰爭中斷，學校需自籌辦學經費，於是改為私立大學。

這一時期，全校教職員待遇微薄，忍饑耐寒，但始終拒絕敵偽資助，堅持「我們是中國人的中國大學」，不受奴化教育，斥離日偽份子，優待忠貞之士。該校此舉獲得淪陷區愛國知識界的支持，皆爭以教授中國大學為榮，青年更以就讀中國大學為目標；一時留居在平津大學院校的教師，堅持民族氣節，不與日偽合作，紛紛到中國大學任教。如俞平伯、溫公頤、張東蓀、袁賢能、翁獨健等先生，寧可以微薄工資應聘任教，拒絕到有豐厚待遇的偽北大等日偽主辦的學校任職，體現出中國知識份子的高尚氣節。

中國大學是具有光榮愛國傳統的學校。「五．四運動」時，中大學生率先參加愛國反帝遊行，很多學生雖被捕、被打依然堅持抗爭，終於取得勝利，在中國近代史上留下光輝的一頁。「九．一八事變」後，學生自發投入積極的抗日運動，遼寧籍學生組織了抗日救國團，開赴東北，其中中大學生李兆麟、白乙化等後來都成了抗日名將。在一九三五年「一二．九」運動時，中大學生會主席董毓華率先領導學生到北洋政府新華門前請願，這次請願活動學生付出了血的代價。爲了紀念和發揚抗日愛國精神，學校於十二月廿二日在「逸仙堂」舉辦「一二．九」運動中各校受傷學生數百血衣展覽，激發了廣大青年的熱情。一九四九年北平解放後，當時號召一切向蘇聯學習，取消私立學校，於是將燕京大學併入北京大學，輔仁大學併入北京師範大學，中國大學理科併入師範大學、文科併入解放區華北大學（今中國人民大學）。中國大學校址也被徵用作為國家教育部。

李正中先生是中國大學最後一屆入學學生，現年八十三歲高齡。正中先生熱愛自己的母校中國大學，讀書時期，精心搜集學校教授前賢的講義，當時有的教授述而不作，先生認真記錄課堂筆記，共整理十餘部。遺憾的是，在毛澤東主席親自發動史無前例的無產階級文化大革命時，先生不僅被押入「牛棚」接受暗無天日的批鬥，其住所也由紅衛兵打、砸、搶、抄家，先生的藏書、用品被洗劫一空。

上天有眼，正如陳毅元帥所說「善有善報惡有惡報，不是不報時間未到」。林副統帥飛機失事死無葬身之處，唐山大地震後不久，被全國人民尊稱的「四個偉大」和被祝禱萬壽無疆的毛澤東主席也已棄世。十年浩劫終於結束。而隨著偉大領袖的逝世，「史無前例」的年代也隨之結束。先生恢復了「四書生活」，即「讀書、藏書、寫書、教書」。這部「古月齋珍藏：《中國大學名師講義》」就是劫後餘存並經過「文革」後四十年來由先生搜集珍藏的選本。

該講義是十位名師對文法哲和經濟學的撰述，這些講義當時不僅對本學科進行系統的闡述，同時在學術上也有新的突破，均為不易之作。我們從中可以看到民國時期高校的學術研究水準和當時百花盛開的學術生態。這些講義對當前的學術研究具有重要的參考價值，實屬值得出版的高校教材文獻。

正中先生是著名學者、歷史學家、教育家，著作等身，至今仍致力於學術研究及文獻傳承，承先啟後為己任戮力教育工作，有這樣的師長，當世者皆得受其福惠，實屬時代之幸。

臺北蘭臺出版社能出版先生古月齋珍藏系列叢書之《中國大學名師講義》，實屬出版社之幸運。先生不棄命我寫序，深知先生用心良苦，故不自量力，以粗淺學識作上述文以為序。

蘭臺出版社盧瑞琴謹識

癸巳年陽春，中國大學建校百周年紀念

第三冊　法學通論　平時國際公法

法學通論

本論

平時國際公法

平時國際公法目錄終

法學通論目錄

王漱蘋

王漱蘋

王漱蘋

法之論法學通論法學者研究
①對法律學之原則原理加以研究
②就各種法律之特殊要素詳加研究

法
國際法 以國家為單位
國內法 以個人為單位
公法
私法

王漱蘋

法學通論

Encyclopedia of jurisprudence.

瀏陽 漱蘋 王觀講述

憲法行政法刑法刑事訴訟法民事訴訟法法院法選舉法破產法等為公法

民法商法著作權法等為私法

緒論

第一章　法學通論

法學通論果為何物乎曰說明法律學之大體為初學法律者之階梯俾進而為各種法律之研究養成實地應用之法律思想為目的並為法學者研究法律哲學之初步者也原法律有公法私法國內法國際法之區別其間互相關聯之處在在皆須融會貫通故攷究法律者非曉然法律學之綱領通觀法律相互之關係則有如墮入五里霧中茫茫不知所之法學通論乃足以網羅法律學之全體而無所遺庶異日研究各種法律特殊之原則得尋其途徑焉

茲將法學通論之任務分析說明於左

第一　法學通論者爲法律學之階梯者也

法律學爲精神的科學研究極形困難學法學者雖有國文國語地理歷史等普通學之素養然由此普通學而進於法律學其中尙有一大江灣存焉測量深遠指導進徑非賴法學通論爲水中嚮導不克達其目的故曰法學通論者爲法律學之階梯者也法學通論不僅法學專攻前所宜修學之豫備教育即已從事法學之研究者猶有修學之必要何則缺此主要學科縱令入法律學之門不克登其堂而入其室以究其蘊奧況吾人依於法律保生活之安全不知其概要則不悉己身之所以存在其危險孰甚乎

第二　法學通論者明法律學之本領也

專攻法律者往往祇知有律不知其他法學通論所以矯正此弊故說明法律學與社會的諸科學之關係藉悉其地位復於法律與道德宗教政治經濟等之關係加以敘述使法律專攻者通觀社會的生活之大勢曉然於所研究科

研究民法研究憲法研究行政法研究刑法僅于職權之學科能得其詳而不知法學之大體是必對于憲法規定既民權之不可侵行政法之公用徵收刑法之禁[illegible]竊盜民法之保護[illegible]權之各種[illegible]（因保護[illegible]財產[illegible]）

王漱蘋

學之本領不拘泥法文之形式而明立法之精神

第三　法學通論者明法律學之概要也

當今之世非古昔專制時代可比法律一出必使人民週知如人民罔解法文之意義於不知不覺之間觸犯法條亦不得藉口於不知法律而免法網是法學通論所以使人人明法律學之概要者也至專攻法學者常於一局部中能得其詳而於法律學一般全體之智識竟付缺如有不克充分闡明其專攻學科根本的原則之弊亦賴法學通論有以矯正之

第四　法學通論者爲法律哲學之階梯也

法學通論說明法律學之概要調和法律各部分與法律學之各原則而爲統一的說明（即法律哲學的說明）是法學通論爲法律哲學之初步法律哲學爲法學通論之終極

要之法學通論之目的不獨使學法律者得法律全體之智識爲法學者研究法律

法律与法術之區别
例如讀我民法中所規定
之買賣契約賣主交
付物品買主不支付
金錢賣主應任債務
不履行之責而不實
判決曰法術反之
買賣互易代價借等
皆為法律行為皆為
契約以以當事人之意
思合致為必要合

哲學之初步幷令一國之人通曉國法之大體蓋國民公私之生活皆統御於法律生命身體自由財產莫不惟法律保護之是賴此普通教育學校近無不增此一科者羅馬古賢有言曰吾人生活於法律動作於法律存在於法律誠哉法律學概要之不可不知也

第二章　法律學

法律學者爲研究法律之學詳言之研究基於人類知性之社會的生活之秩序說明其過去現在將來之科學也法律的現象變遷靡常因地因時亦自有異故有謂不得爲科學之目的僅能以之爲技術供吾人之應用者是殆不然何則科學之爲物係指對於諸種現象理解其因果關係智識之總體而言至技術則爲達實際上之目的諳練通達而已若是則對於法律的現象悉其原則理解其因果之關係者曰法學僅圖實際應用得精熟法律之技能者曰法術在文化幼稚之古代初無所謂法學故學法律之人以通典故知章句爲自足當是時悉屬法術之徒法學者則

王漱蘋

未見其有也社會文明法律的現象漸次複雜欲圖行之而無礙非從實驗上發現一定普通之要素以爲單純之原則不爲功於是大法術家漸起而促法律學之發達時至今日科學進步學與術有本末之關係故研究法律者須先考究其根本之科學然後及於末葉之技術焉

準上以觀是法術者促法學之發達法學者助法術之完成其中關係密切自不待贅然從沿革上言之則法術先於法學可知也已

爲法律學研究目的物之法律現象因人類社會的生活狀態而不同因古今東西而其形式規定亦異其趣研究此種現象發見普通之要素對於過去現在將來加以說明非區分其目的物從各方面採取適當之研究方法頗形困難是故分法律學而爲三以古今法律之變遷爲研究之目的者曰沿革法律學研究東西法律之異同者曰比較法律學研究現行法律之理論者曰系統的法律學更進而研究法律哲學法律哲學者綜合以上研究之結果而研究其最高原理者也

第一節　沿革法律學

所謂沿革法律學者、以歷史的研究方法研究法律、敘述古代之變遷、及於現在之關係者也、欲知事物之現在、推測將來、非審察過去不可、欲理解現行之法律、洞悉其法理、亦須遡及法律歷史的淵源、而研究其沿革、又評判現行法律之當否、說明其將來之進步、亦賴沿革的研究、始克免乎空理空論之弊、夫法律爲人類社會的生活之必要條件、故其發生也、與人類社會自體相同、其進步也、與社會文化之開發相伴、若是則僅研究現行法律、決難得精確之知識、當無待言、例如我國民法草案、以我國固有之習慣爲主、同時倣效德日諸國之法律、學法學者、必先明習慣之沿革、研究其爲母法之德日法、更進而遡及其本源之羅馬法、考其變遷、然後能理解民法草案之意義、此沿革的研究、爲縱的觀察法律、而加以研究者也、

唱沿革的研究法學者、爲德碩學薩維尼氏、氏嘗謂法律與言語同、爲發達物、而非

王漱蘋

製造物法律係發表國民之總意故與國民之總意同相變遷欲研究之舍遡及其本源以研究法律思想之沿革外無他途於是對於羅馬法潛心考究闡明法理竟成爲沿革法學派之巨擘

古代法律學與倫理學宗教學混同概目之爲自然法研究法學者悉以先天的理論爲基礎一般理想派徒肆空論當是時法律學之地位異常危險殆不得稱爲科學自十九世紀初薩維尼氏出沿革的研究方法風靡歐美自然法學派因之大受打擊中世與近世法律得以大放異彩者是不可謂非氏之所賜也

第二節　比較法律學

比較法律學者比較古今東西之法律研究其性質之差異取其同點以理解法律進化之原則爲目的者也人類依於地球位置種族之不同法律固自有別然審其差異之由來集其同而彙類之則東西各國之法律莫不經同一之路徑且文明同等之社會其法律的現象發生常自相符尤不難發見普通之原則此比較的研究

法系的比較
法学派将世界各国所有法律分为五大法系
①羅马法系
②英国法系
③回々教法系
④中国法系
⑤印度法系
人種的比較法学派
古代法律为屬於个人主义一屬于人種而言一而非屬地主义一屬于地方而言。

方法誠屬不可忽也

比較的研究方法當十八世紀後半時代法國學者孟德斯鳩著有名之『萬法精理』一書比較古今各國之法律發見其眞理復經意之威克英國之蔑國鶩斯布拿伊斯德之博斯托及克蘭等諸碩學之研究漸次發達惟是採此方法亦有種種之學派遡及世界各國法律發生之源流就各系統比較其法理上之差異而加以研究者所謂法系的比較法學派是也以人種爲區別法律之標準而比較異種間之法律者所謂人種的比較法學派是也攷察各國特有風俗習慣氣候等之差異而比較研究者所謂國家的比較法學派是也總之法律之比較研究極其重要從社會文化進步參閱世界各國之法律取人之長補己之短明其將歸於同一原則之趨勢悉賴乎此至沿革的研究與比較的研究之不同一則以時爲基縱的觀察法律一則以地爲本對於法律加以橫的觀察而研究之

第三節　系統的法律學

王漱蘋

系統的法律學者分析一國現行之法律發見其原理原則以系統的排列而研究其法理之謂也法律之研究以理解現行法之法理爲急務故系統的法律學誠爲法律學中之樞健例如憲法行政法所以研究國家統治權之本質及其作用刑法則論定犯罪與刑罰之關係民法商法乃闡明私權之本質及其效果又民刑訴訟法係考究私權保護及刑罰權行使之手續此種種之法律所以區分爲公法私法手續法者不過因研究之便宜系統的分割而已非各自獨立不相聯也若是則對於各律非彙類分析加以系統的說明自不能理解其原理原則至逐條解釋法文而即自謂爲學豈不大謬

古代法律之研究以解釋法文之章句知悉慣例爲已足初無所謂系統的研究也迨近世系統的研究法律人才蔚起法律學始形發達英國有碩學邊沁氏者分析錯雜無極之判例爲系統的研究原理之先導而德意志薩維尼等出而繼之致法律學有今日之盛法國當編纂法典以前如博秋之法學大家固不乏人至十九世

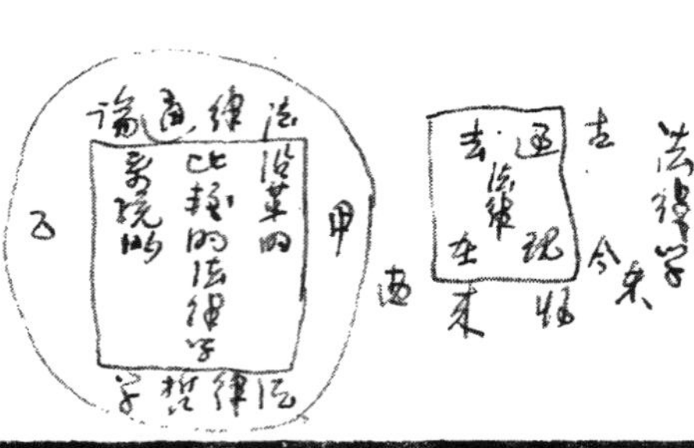

紀初法典編纂成立後研究法學者汲汲焉於法典之註釋而事系統的研究者極屬稀罕殊不知急於理解法文不獨不能陶冶一法學家卽養成實際有爲之法術家猶感不足此系統的研究所以爲必要也

第四節　法律哲學

所謂法律哲學者以研究法律的現象最高原理或根本的原則爲目的者也吾人依於沿革的研究知法律之過去理解古今變遷之由來從比較的研究明東西異同之所在以系統的研究悉現行法所認之原則然此僅瞭然於過去與現在必也綜合此等研究之結果於一國一時代之法律不事拘泥求法律根本上之原理原則理論上法律究將如何於是能洞悉法律之進路評判現行法律之善惡爲將來立法者所採方針之指導以冀增進國家人民之福利而法律學終極之目的於斯達矣

用哲學的研究法律的現象遠發達於希臘之古代蘇格拉底斯亞里斯多德等研

究於前中世之霍布斯繼起於後近世則孟德斯鳩盧梭等諸儒輩出各開拓一派之學說矣要之法律哲學以沿革的比較的系統的研究之結果爲主要材料更以近世所發達之社會學經濟學政治學倫理學等研究之結果爲其補助發見法律的現象之最高原理而法律學研究終極之本領於是乎成我國法律不備固不足以語此即在日本學者以法律學誤爲現行法之解釋視此深邃之研究爲無用之長物不識法律哲學爲何者比比皆是以其精奧而忽之不亦貽因噎廢食之誚乎

第三章　法律學與其他科學之關係

一切科學互相關聯不過爲研究上之便宜依於爲科學目的物之現象之如何而細別之爲種種是各科學之非絕對獨立也明甚從理論上言之則研究一科之學須通曉科學全體全體研究又不可能不得已惟有擇其與己所專攻之科學有密切之關係者加以攷究俾專攻科學得賴以完成焉

法律學果與何科學有關係乎曰國語學歷史學地理學等與法學之有關係已如前述即心理學倫理學人類學政治史諸學科亦學法律者所必考究者也蓋法律

者、爲爲政之要道、所以達政治目的之必要手段方法、法律隨政治變遷而發達、故研究法律、須注意政治之沿革、觀一國之政治、須知一國國家組織之憲法、研究一國之憲法、猶以洞悉其政治史爲必要、是憲法之研究、與政治史之研究有密切之關係、不可須臾離也、心理學者、研究心之現象、及精神活動之法則、與法律學亦有相聯之關係、何者、法律所以規律社會生活上精神的活動、離意思則無法律現象之可言、故研究意思自體之心理學、爲學法律者所必須知、更由法律哲學方面觀之、在昔日法律與倫理道德混同之時代、固無論矣、然自獨立分離以來、明人性之本分、爲評判人類行動善惡之標準、舍倫理學外、無他途、是倫理學與法律學亦有莫大之關係、依人類學研究之結果、得明人類進化之沿革、審人類相互之關係、闡明東西法律制度差異之所由來、是人類學與比較法律學關係最深、至若刑事人類學派、謂犯罪人有特異定型、主張以人類學應用於刑法之上、又足以證明人類學與刑法學之有關係矣、

王漱蘋

要之政治史、心理學、倫理學、人類學、與法律學、固有密切之關係、然自一般法律學觀察之、較此猶有甚焉者、則同乎法律學、爲關於人類社會的生活之科學是也、易詞而言之、則法律學與社會學、政治學、經濟學、等關係如何之謂也、今以次略述如左：

第一節　法律學與社會學之關係

所謂社會學者、以研究人類社會之發達、及社會各部之關係、爲目的之科學也、蓋構成人類社會、在各個人則有男女老幼之別、有士農工商之分、在集合體則有家、有村、有國家政治的團體、有商工業的團體、有學藝技術及宗教的團體、千態萬狀、無極無窮、然組織社會之各階級各部分、與其他部分、及社會全體、自有不可相離之關係、由此言之、政治國家法律、皆社會的現象、無不依此社會學原則、而受支配、斯賓塞有言曰、因懼不能生存、致成政治團體之礎、有死亡恐怖、乃成宗教信向之基、則是吾人爲謀生存計、由婚姻而成一家、由家而村、由村而國、人口繁殖、生存競爭、因之而起於是設法律制度以維持社會之秩序、達社會生活之目的、是研究社會生活之秩序、尤以遡其本源從社會學上研究社會的生活之實質自體、明搆成社會各部之關係爲必要、社會學與法律學關係如斯、修業法學者、又豈可玩而忽之耶、

第一節　法律學與政治學之關係

爲人類社會生活秩序之法律發生於人類社會組織國家以後是國家爲法律之源泉、當無待贅、而國家之所以異於單純人類社會者、亦在依法組織之之一點、故無國則法律亦不成立無法律國亦不存二者不可須臾離也、

國家制法、規律社會的生活之秩序、依此統治其國民以達其行政務之目的是法律爲國家行使政務之一種手段當無待言法律既爲行使政務之手段則視國家之性質如何國體政體之種類如何、自異其趣依爲政之主義如何規定亦有不同、欲研究國家之性質、闡明其存在理由及其目的評判各種國體政體之利害得失、

王漱蘋

考究國家根本的政策之原理論定政治之要道非政治學不爲功故曰法律學與政治學有密切之關係也

第三節　法律學與經濟學之關係

法律所以達維持國利增進民福之目的者增進國利民福之社會的生活不外經濟關係而已法律與經濟有手段與目的之關係法律爲保護經濟關係而存在經濟關係賴法律保護始發達故研究法律須知經濟關係之原則夫經濟關係與人類社會之沿革固同起源然以科學的研究其原理闡明貨物之生產分配交換及消費之原則則經十八世紀後半亞丹斯密斯著富國論以來始見發達吾人依此經濟學之原則知土地所有權所以從村落共有制度進而爲個人私有制度又地上權永佃權借地權等使用他人土地之權利有付一定期限之必要者亦須依經濟關係之原則始得理解其根本的法理要之現在之經濟關係以財產私有制度與自由競爭爲基礎不獨私法成立於此基礎之上即一切公法莫不皆然是理解

現行法律制度之法理原則必自知經濟學之原則始異日全廢私有財產制度爲共產制度或制限一部分土地認爲國有制之諸大問題皆依經濟政策如何而定之法律以經濟關係基礎之變動爲轉移故評判現行法律之當否指導將來立法之改良悉賴瞭然於經濟學之原則有以解决是知研究法律學者須研究經濟學研究經濟學者亦依法律學之研究乃抵於成

第四節　法律學與醫學之關係

醫學者關於個人之身體生命之一種之自然的科學也與法律學有何等關係乎曰醫學與法學在學理研究上本無不可相離之關係然法術家研究法學以資實際應用醫學者以醫學研究之結果行審判鑑定時則見法律家須有醫學上之智識而醫學者亦必有法律上之智識也例如有殺人者於此毒殺乎爲毆打致死乎抑依過失而致於死乎殺人者爲精神病者乎欲一一判定非有醫學的智識無由知之故司法官適用法律賴醫學爲之補助即醫學者亦然當審判鑑定限於職務

王漱蘋

上當默秘之事實則毋庸陳述同時從醫學上公平正實以期盡厥職責是醫學者又不可無法律知識也法律學與醫學在學術應用上既有如斯之關係此近世法醫學所以日見其發達也

本論

第一章　法律之概念

法律之爲何學說紛如不遑枚舉茲擇其最適當之定義說明於左

法律云者維持人類社會的生活定生活關係之規則爲一般的且強而行之者也

今分析此定義揭其要旨而一一言之

第一　法律者秩序也規則也

所謂秩序者對於一定之原因發生一定結果之事實者也規則者總稱其原因結果之關係而言也就實質上論之法律之爲秩序爲規則與道德上宗教上自

然界之物理上諸法則相等、同屬一定原因結果之關係、雖然法律、法則與自然界法則、其中有大差異存焉、差異者何、即法律之規則與自然界之法則有必然與否之關係是也、詳言之、自然界之法則乃事物必然之關係、不可以人力廻避者、法律則爲人爲之規則、事物之性質上、非有不得不然者、規則既屬人爲、因時代之不同、社會開發之程度如何、自異其趣、萬古不易之律、絕對無之、惟是伴於一定之事實、使發生一定結果之一點、則各律皆然、此其所以稱法律爲規則者也、

當注意者、即對於一定之原因、發生一定結果之規則、與對於特定之事實、發生特定之結果、不可不區別之、法律之制定、爲概括的而設、非規定特定之事實也、故規則云云、乃抽象的一般的意義、若以之爲具體的及單獨的解、則誤矣

第二　法律者生活關係之規則也、

法律與自然界規則之不同、在於定人類生活關係之一點、生活關係有人類對

於其他人類之關係、有共同團體、對其他團體之關係、姑無論其各人對於團體以及個人相互之關係、法律爲定外界行爲標準之規則毫無足疑、法律爲定外界行爲之標準、此又與道德宗教定已身行爲之準則有異、蓋道德上宗教上之法則、雖關係人之行爲、其目的在對於自已之安身立命定心意之關係而已、非對於他人行爲之關係也、故曰法律者生活關係之規則也、

第三　法律者、維持人類社會的生活定生活關係之規則也、

人類生活關係不一而足、法律爲維持人類之共同生活而制定規則、故凡關於社會的生活關係之事項、莫不爲法律之目的、社會生活之狀態、因地因時而不同、法律之規定亦自有異、然其爲維持共同團體定生活關係之規則也、則不問古今無分東西同出一轍、

第四　法律者依共同團體之公力、得以維持生活關係之規則也、

徒法不能自行、法律既爲生活關係之規則、必賴國家之主權始得維持、此點與

王漱蘋

法律乃国家强力所維持之規則然則國際法是否法律乎

道德上宗教上之法則、異其性質、道德上宗教上之法則、固自維持社會的生活、而出、然人之服從與否、全屬良心上之問題、即或不從、除受良心上之强制外、難期規則之維持、

法律依共同團體之公力得以維持者、非國家加以制裁、强而行之之謂、不過國家制定法律以主權維持其規則而已、制裁之有無、非法律之要素也、

第二章　法律與國家之關係

法律爲維持共同團體之秩序而設、已述之於前矣、是法律之發生、必以人類達於一定之文明、組織共同團體、得營社會的生活爲要件、至若野處穴居、則不足以語此、

斯賓塞曰、因懼不能生存、致成政治支配之礎、有死亡恐怖、乃成宗教支配之基、是吾人人類、不能營孤獨生活、必集羣以爲棲息、羣之最小者、則爲夫婦、由夫婦而父子、乃爲一家、集數多之家族、成一村落、成一部會、更擴張其範圍、組織一大共同團

王漱蘋

體、而有今日之國家、聚多數人類於斯、以營共同生活、利害衝突、於是乎起、欲調和各人相互之利害、以及各人私益與共同團體之公益、全其生存、維持共同團體之秩序、胥法律之是賴、是法律待國家之成立、始發生、國家亦依法律而後存、二者有不可相離之關係也、欲明法律之意義、須知國家之爲何、

國家者、以一定之土地、爲基礎、有統治組織之人類共同團體也、

今分析此定義而說明之、

第一　國家者人類之共同團體也、

國家爲人類社會之共同團體、離人類則不得存在、至數量以達於何度爲必要、固無一定制限、然居今日之國家、共同團體極形複雜、目的亦甚遠大、不能以少數人類之團結組織國家、自不待言、

第二　國家者以一定土地爲基礎之共同團體也、

多數人類、相聚而居、其集合體、非占領一定之土地、使土地與團體間、有永久的、繼續的、關係之存在、則國家不能成立、屬於國家一定之土地、曰領地、又曰國家之領土、

第三　國家者有統治組織之共同團體也、

國家以一定領土爲基礎有相團結人類之統治的組織、詳言之、即此組織之共同團體中有治者與被治者之區別、治者以團體全體之公力强制其各部使各團體員服從共同團體公益上必要生活關係之秩序是也、國家此種公力、乃統治國民最高之權力稱此權力曰主權主權得自兩面而觀察之、

一　對外　列國互相對峙、有不受他國干涉之權利、在國際法上稱爲國家之獨立權、又曰對外主權、

二　對內、治者以團體全體之公力治被治者、國法上稱爲統治權、統治權者國家之最高惟一之權力、與獨立權爲對等之權利也、

當注意者、國家主權非別之爲二種、要不過以其活動作用而異其觀察耳、

國家主權雖屬惟一最高之權力、而其作用活動也得分爲立法行政司法之三面而言之、

第一　國家者制定法律者也、　國家制定法律謂之立法、其行使立法權也有統治者自行編纂法典者、有以習慣行於國民間認爲有一定之秩序、附與法律同一之效力者、姑不論其制定方

法之如何其爲國家統治權所制定之規則也則一參與國家立法之機關曰立法機關立法機關者議會是也

第二　國家者利用法律且執行法律者也　法律所以達國家目的爲爲政之一種手段故國家制律又從而利用執行之謂之爲國家行政權行政機關即中央政府及地方官廳是也

第三　國家者解釋法律而適用之者也　國家作法豈徒利用執行已哉必也解釋法律應用於實際是曰國家之司法權審判廳即所以行使司法權者也

立法司法行政皆出自國家已如上所述矣猶有言者即國家依自設之法律與個人同享有法律保護之權利是也國家爲公法人得享有各種財產權其所以異於私法人及私人者不過其財產享有之範圍較爲廣大耳

第三章　法律與宗教及道德之關係

法律固爲關於人類生活關係之規則而不能網羅人類之衣食住一一加以規律也是知足爲吾人人類行爲之標準者不獨法律法律之所規定不過一部分行爲中之準則而已然則法律之外果何所依據乎曰道德上與宗教上之法則其最著者也

宪法12
中华民国人民有尊崇孔子及信仰宗教之自由非依法律不受限制

第一節　法律與宗教之關係

古代社會幼稚、宗教與政治混淆、致宗教為治國撫民之要具、關於人類生活關係之規則、悉規定於經文中、法律之實行、專依賴神佛之威信、迨文化進步、宗教政治始獨立分離、而法律乃躍出宗教範圍、為維持人類必要之規則矣、由宗教支配國家、一變而為國家支配宗教、除以一定宗教令國民遵奉外、概行禁止、是所謂國教制度、時至今日、政治思想發達、法律亦隨之進步、宗教與政治、分別益顯、於是信教自由、莫不認為憲法上之大原則、雖然、人類行為、從宗教上之教義法則而為生活者、所作皆有是法律與宗教同屬人類行為之法則也、明甚、至其異點、如何、不可不加以說明焉、

第一　客體之差異　法律所支配之客體、乃吾人對於其他人類之外界生活關係、至宗教上所支配之客體、則造物者、與被造物者之關係、以及神與人之關係而已、宗教存乎感情、法律基於理性、是則大異也、

第二、威力之差異、　法律者、依共同團體之公力而發生、以國家之主權行之、反之宗教上之法則賴神力佛力以維持、故其行使、專視信仰力之強弱如何耳、

王漱蘋

第三　制裁之差異　法律所以爲人類行爲之規則者、因主權者、對於違法者得加以外形上之强力故也、外形上之强力何、制裁是也、至宗敎上之法則則不過以神佛之冥罰對自己良心上予以苦痛耳、

第四　目的之差異　法律以維持共同團體之秩序爲目的、宗敎則維持吾人內部感情上之秩序、使之得安心立命而已、

要之法律者爲維持共同生活、基於吾人知性所發生之行爲之規則、宗敎則以得己之安心、基於感情而後發達也、知性與感情進步不同、故宗敎與法律、匪特有異、且常相抵觸、至其全人類之生存則相須相輔、此政敎分離之今日、由宗敎上之遺傳影響於立法司法行政猶復不少者、不亦宜乎、

第二節　法律與道德之關係

中庸有言曰、率性之謂道、又曰道也者、不可須臾離也、可離非道也、是道德者、亦人類之常則、足以使人類之品性歸於完全、其維持人類社會的生活之秩序也最有力、故當道德法律混淆時代、道德爲主、法律僅資補助、今也不然、二者獨立分離、其性質亦自有異、茲舉其重要之學說、並說明其

差點

一　道德與法律渺不相涉、法律自主權者之意思而成、道德則否、法律無善惡、此二者不能強使同一、是說也、謂道德與法律、絕對不相同、殊失極端、

二　法律由人作成、故其存廢得以人之意思定之、道德存乎自然、非人力所可得左右者也、

三　道德爲內部之強制、所以抑制人之意思者、法律則抑制人之行爲、其強制力專屬於外部焉、

四　道德與益於人、法律不與危害於人、故其目的有積極消極之差異、雖然法律有時不無積極目的、抑又何說、

五　道德乃神對於公衆所下之命令、法律則神對於個人所下之命令而已、其所謂神固無足辯、惟是法律亦公衆之所當遵守、顧安得稱爲正確之標準乎、

六　法律支配國民、道德支配個人、雖然道德僅行乎一國者、不乏其例、是亦支配國民也、

七　法律因地因時而變更、道德則永久不易者也、論者謂法律靡定固矣、然道德又何嘗不有變遷乎、

八　法律依強制力而行、道德無之、

王漱蘋

余於上列諸說、取其適當者爲區別之標準、而說明其異點如左、

第一　客體之差異　法律與道德、固同爲行爲之規則、然爲法律之目的物者、乃表示意思之行爲、至行爲原因意思之善惡如何、所不問焉、反之、道德者、專定意思善惡之準則、故學者常稱法律爲行爲之規則、道德乃心意之規則者、殆以此也、或曰法律有時依人意思之善惡、而異其效果、是法律亦屬意思之規則乎、曰否、法律考其意思之善惡者、乃自表示於外部之行爲、推定其內部意思之善惡而已、道德反是、其批評行爲之善惡也、由內而及諸外、簡言之、卽以內部良心爲基礎、對於表現於外部行爲之善惡而加以判斷是也、法律所支配之行爲、僅以他人之行爲爲目的、道德所支配之行爲、有對於他人者、有對於己身者、是法律與道德所支配之客體旣異、而其範圍又有廣狹之區分在焉、

第二　威力之差異　法律源泉、乃國家之主權、故有存乎吾人意思以外之威力、道德爲從良心上所發生之規則、是無威力之可言、

第三　制裁之差異　法律所以爲吾人行爲之規則者、依國家主權得强制、故也、道德則無此外部之强制力、唯憑諸各人良心之力以作則而已矣、學者謂法律爲强制的規則、道德爲放任的

規則者以此、

第四　目的之差異　法律之目的、為維持公共團體之秩序、增進社會之幸福、保護個人利益、而發達社會之公共利益者也、道德則不然、其直接目的也、在期人性之完全、使人生於此社會之上、求其達乎至善、至維持社會之秩序、乃其間接之結果使然、

道德與法律、雖有上述之差異、二者素不抵觸、不過其支配之行為、有廣狹而已、故違反法律者、必違背乎道德、而離乎道德者、非即違犯法律之規定也、近世文明各國、道德與法律、相輔而行、法律之所規定、俟國民道德心之發達、始克達其目的、道德養成、亦惟法律是賴焉、

第四章　法律之發生及其目的

法律何為而發生乎、曰法律者、為維持團體之生存、整理秩序而發生也、人類相集、營共同生活、必有意思之衝突、由意思衝突、而至於行為衝突、於是爭奪擾攘、將無寧日、防止紛糾、圖交際之圓滿、惟法律是賴焉、若是則人類政治的團體成、而後有所謂法律、自不待言、

法律有憲法、民法、刑法、商法、國際法、種種之別、其目的自不一致、或謂法律乃不得已而用之、是故刑期無刑、即法律之目的、然此專就刑罰法一部分而言之耳、未能概括法律之全部而為說明也、

王漱蘋

至於何者爲法律全部之目的學說紛如茲舉其重要者敘述如左、

第一　享樂主義　享樂主義爲英儒邊沁氏所倡其說曰、法律之目的、在使最多數之人民享最大之幸福質言之即法律之目的在使多數人民受快樂而避苦痛也例如盜賊竊財物而被捕、入獄是盜賊固受痛苦矣因少數之盜賊受苦痛而足以使多數人民安居樂處無胠篋之虞非所謂使社會之多數人民受無量之快樂乎此言雖是、余尚不能表一致之贊同、何則以多寡而定法律之目的使盜賊多於良民又將如之何或又曰、法律之目的正義也善也正義與善顧安得標準乎倡此說者以不能爲具體的說明乃以抽象語答之曰、善惡之區分以多數人之贊同與否定此亦不能奉爲恒則蓋社會與論因時變遷今之所謂善安知越數十百年不以爲惡輾轉相尋、法律之目的復何有一定之準則其說之不足採不辯自明於是主張秩序之說出焉、

第二　秩序主義　倡此說者爲德儒耶林氏氏曰法律爲確保人類生存之要件苟能保一般國民之安全秩序、雖使一般國民受一切之苦痛亦所不惜故如對於有罪者繩之以法予以肉體上之苦痛卽所以保社會之安寧保社會之安寧爲亂羣除害焉此法律之所以設也此說較爲正確、

第五章　法律之維持

法律固賴有國家權力之強制以維持其效力、然維持法律、僅恃形式上之強制、其力量異常薄弱、是故非有他物爲之補助、不爲功、他物維何、曰內部之強制是也、內部之強制得分爲三（一）恐怖心（二）道德心（三）實利心、恐怖心爲維持法律一大原因、固無論矣、因此內部之強制使之服從法律、與外部強制並行者、厥爲道德、書曰、刑罰者、治世之藥石、德教者、興平之粱肉、以德教除殘、是以粱肉除病、以刑罰理平、是以藥石供養、觀此足以證明至實利心所以爲使人服從法律原因者不過人欲利己之結果、而法律賴以維持而已、古代維持法律、一任諸自助之力、所謂自助、即凡有受法律上保護之權利者、得以自己之獨力、對於加害人爲防衛者也、此種制度今世雖乏其例、然在刑事上認被害者之緊急防衛、民事上認質權抵押權行使、不藉國家公力、而爲權利之救濟者何一而非自助餘痕之所遺來乎、

第六章　法律之效用

夫僅有法律即足以維持社會之安寧秩序、而國家得以永久存立乎、是則一大疑問也、使法律而能完全保國家之存立、則凡有法律之國、終無衰亡之日、乃求其實際、國家之存否有不關於法律

王漱 輯

者何耶解之者曰國之存否因法律有善與不善之分也雖然在法律制定之初未有知其不善而制定之者且善與不善須俟法律實施以後始得而判斷之若是果何從而預爲區別乎是非所敢知也

或謂法律有萬能之力者以爲有法則人人無不遵守而國以治是殆不然何則今有盜於此擅入人家强刦財物爲主人者論之曰是爲法律所不許而謂盜賊將默爾而退袖手以去乎吾知其不然也法曰勿殺人勿放火如有放火殺人者刑將及焉設有之而死者已矣屋成灰燼又將如之何况犯人猶有倖免者乎或曰法律有緊急防衛之規定以補其不逮此亦非確論也假定犯人之膂力過於正當防衛者則此規定未見其有實益卽以民事言之債權人對於債務人有索債之權利如有人焉負債務而不償債權人得請求審判衙門救濟審判廳下以判決命債務人履行否則令承發吏爲財產之差押或拍賣其財產得值以償使債務人貧無立錐則將如之何更就質權抵押權連帶債務保證債務之規定觀之是法律無萬能之力也更無足疑

法律既無萬能於是有補助法律之効用者在道德宗教良心習慣其良好之補助資料也

第六章　法律制定之手續

制定法律因國體之不同而制度有差隨時代之變遷而手續亦異以不能為概括的說明故基於我國現行之法制而為叙述焉

法律得區分為二(一)狹義之法律(二)廣義之法律狹義法律係對於命令而言廣義則幷此狹義法律命令而稱之廣狹二義之由來自有立憲政體始古代君主專制國家之法則無區分法令之必要以君主之意思即法律故也憲政發達凡重要之立法須經議會之通過而法律命令乃生形式上之區別至其實質同為生活關係之法則均屬國家之意思表示也則毫無所異今進而述二者之成立方法

第一節　狹義之法律

狹義法律之制定也自法律案提出以至於法律施行其中須經過種種之手續今分為法律案之提出法律案之議決法律案之公布法律之施行而說明之

第一　法律案之提出　有法律案提出之權者兩院議員及政府是也法律案提出乃法律之草案須俟兩院可決後而法律案始成

政府提出法律案對於兩院得任意為之惟預算決算則有例外之規定非先提出於衆議院不

王漱蘋

可

第二　法律案之議決　法律案提出經兩院之可決而法律案乃成凡國民行爲之繩準所以必由國民之代表議決者是亦立憲政體之精神在法律制定之順序上所必須經過之階級也爲法律案之議決必履行一定之方式觀議院法第二十七條關於法律財政及重大議案非經三讀會不得議決之規定可以知之

第三　法律案之公布　提出法律案加以議決法律案於是乎成立欲法律案成爲法律而發生拘束力者非經公布不可在君主國家法律案提出議決後猶有所謂裁可裁可者即君主表示認法律案爲法律之意也君主既有裁可權即有否認此法案權稱此否認曰不裁可權學者謂我國憲法有國會議定之法律案大總統如有異議時於公布期內聲明理由請求國會覆議（憲法第一百零五條前段）云云是大總統亦有否認權者此種解釋由於文理解釋之誤何則該條雖認大總統得持異議獨不觀夫後段有如兩院仍執前議時應即公布之之規定乎兩院仍執前議大總統須予公布施行是此種異議不過促議院慎重而已非若君主國之不裁可而法案即不成立也

公布法律因時代而不同古者多用朗讀公布法朗讀公布者當國民多數集合之場所朗讀法律以便週知之謂也其次則爲揭示公布法即揭法文於一定場所以示國民此外猶有用配達登錄廻送之方法以公布法律者近世文化大進交通頻繁印刷術亦甚發達各地皆有公報故各國公布法律多以公報爲之曰公報公布

第四　法律之施行　法律依公布始成立國民遵奉法律之義務因是而生謂之法律之施行施行方法徵諸近世各國實例約得爲三

（一）　同時施行主義　此主義即自公布日全國一律實施

（二）　期限施行主義　自法法律公布日始經過一定之期限全國一律實施

（三）　異時施行主義　以公布之法律到着各地之日期爲斷詳言之即依道里之遠近如何定公報之到達期限預定公報到達之翌日或經過一定期限爲實施之時期是也我國採用第一方法法律以公布日施行爲原則

第二節　命令

命令成立不若狹義法律手續之繁重今分說之如左

王漱蘋

第一　命令之制定　制定法律屬諸議會故須經過提案議決之階級而命令則不然命令者元首及各行政機關所發布者也元首所發布之命令曰大總統令其他機關所發布者有所謂院令部令省令警察廳令等自實質上言之命令與法律同爲國民行爲標準之法則是通常命令與狹義之法律並稱爲廣義之法律也

何者以法律規定爲必要何者得以命令定之各國憲法規定不同故不能以片語概論近世立憲諸國凡關於人民之權利義務重大之事項須依法律之形式而規定之爲原則且命令不能變更法律是二者異其效力之要點法律不能以命令變更故不必以法律規定之事項一旦經過法律之形式者其廢止變更亦與法律同惟是法律認爲得以命令廢止變更補充時不在此限學者稱此曰法律之委任依於法律之委任所發布之命令者曰委任命令我憲法第八十條即明示此旨

徵諸各國制度約分命令爲四(一)緊急命令(二)獨立命令(三)執行命令(四)委任命令緊急命令者際國事緊急之秋値議院閉會之後所發布之命令有廢止變更法律之效力者也獨立命令者不論法律之規定如何爲維持公共安寧增進人民幸福計君主或其他機關所發布

之命令也執行命令則爲執行法律必要之命令委任命令則依法律之委任而發布者也命令性質如此然各國憲法上規定頗不一致絕對不認有緊急命令與獨立命令者如英法比意等是也匪特不認緊急命令及獨立命令即執行命令委任命令之範圍亦較他國狹小者如美國是有緊急命令執行命令委任命令而無獨立命令者如普澳等是也兼此四者而有之如撒遜日本是也我國憲法有大總統爲執行法律或依法律之委任得發布命令(憲法第八十條)之規定是我國憲法除執行命令與委任命令外均所不認要之發布獨立命令之權民主國絕對否認至君主國又當別論矣

第二　命令之公布　命令與法律同非經公布則對於人民不發生拘束力公布之方法亦以公報爲之

第三　命令之施行時期　命令實施採同時施行主義與法律同

第八章　法律之淵源

法律淵源一語學者不一其說或謂爲法律之原因者即法律之淵源或謂法律淵源乃法律關係之原因猶有以得法律智識之淵源爲法律之淵源者余輩所稱淵源係指法律據此所生之材料

故區別法律淵源如左

第一節　習慣

第一項　習慣之意義

習慣云者國民之全部或一部就同一之事項屢爲同類行爲之事實之謂也因此事實所發生之規則曰習慣法

古代設成文法以作國民之規則者甚罕人類生活關係悉律之以習慣故習慣法發達最早洎乎近世立法事業進步各國制法統一國內各地方之習慣以明確之法典規定而習慣法自不如疇昔之必要惟習慣之爲法律淵源者爲單純事實而非法律與有法律效力之習慣法爲法律而非法律之淵源者有異是不可不注意也

習慣有一般習慣局地習慣普通習慣特別習慣之分一般習慣者全國所行之習慣也局地習慣者一地方所行者也普通習慣一般人之所行特別習慣則在於某種身分狀態地位之人所行之之謂也局地特別均不失爲習慣惟一定之少數人民行之者則否或曰習慣須自吾人不可得記憶之初以繼續至今爲必要雖然慣行年數爲事實上之問題以相當之長期於同一之事項反覆

王漱蘋

慣行則可又何必一定慣行之期間始得稱爲習慣耶

第二項　習慣法之發生

習慣達於如何時期始發生可爲權利義務準則之效力乎易詞而言之則習慣自何時爲習慣法之謂也關於此學說紛歧莫衷一是今擇其重要者列舉如左

第一　永續慣行說　習慣爲習慣法而有法律之效力者一般國民對於同一之習慣自不可得記憶之初永續至今而不以其有拘束力爲怪習慣法於是乎成此說也僅云永續而始自何時不加說明是習慣與習慣法之限界果以何者爲標準而定之耶

第二　法庭承認說　習慣變而爲習慣法非永續行之之謂乃審判廳際特定事件之發生依習慣判決爲訴訟目的之權利義務時始變習慣爲法倡此論者對於立法權與司法權不能明確區別蓋審判官僅能適用既存之法律故依據已成之習慣法而判決訴訟事件則可承認習慣附與法律之効力則不可也

第三　國民總意說權利確信說　法律從國民之總意而成國民總意直接表示於外者即習慣法由立法者間接發表國民之意思者卽成文法習慣而有法律之力乃國民間從習慣所爲之

王漱蘋

行爲不僅一般認爲習慣且確信其爲權利於是變習慣爲習慣法此說以習慣自國民之行爲而發達固矣但國民總意云云在民主主義之國法律從國民代表之意思而成猶可說也若君主國則國民多數之意思不有法律之力無由明習慣法之根據至謂確信其爲權利所謂確信之時果屬何時耶

第四　主權者認定說　主權者暗默認定習慣而與以法律之效力者是即成爲習慣法若出自明示認定則非習慣法而爲成文法此說本暗默認定而立論然自何時認定亦無由知之

第五　法定要件說　習慣所以有法律效力者非習慣之力乃主權者對於具備一定要件之習慣明示默示附與法律之效力於是習慣變而爲法近世文明諸國司法與立法分離司法機關僅能適用既存之法律不得自作法以爲裁判故此說恰乎理論足以明習慣法之成立習慣法之要件有三臚列如左

(一)不反於公共秩序善良風俗之習慣

法律之目的係維持人類社會之秩序習慣背此而行則不能附與以法律之效力反對者曰法律之善惡審判廳無議定之權惡法不失爲法故反乎公共秩序善良風俗之習慣亦得認

之惡法是說也不明成文法與習慣法之區別也惡法不失爲法僅於成文法言之耳自法理上言則成文法無善與不善之分至習慣則由國民多數之慣行而發生多數慣行未必盡善故立法者以不反於公共秩序善良風俗爲要件而附與法律之效力也

（一）法令所認之習慣又法令中所不規定事項之習慣

法令所認之習慣云者民法商法其他法令以明文規定某事項得從地方習慣或商習慣之謂也近世成文法國設定法典排斥曖昧之習慣法成文法中已經規定之事項不認重複習慣法之存在爲原則然人生一切之關係悉舉而置諸法典又爲事實上所不能故法典規定其大體而於細微之事項則仍讓之習慣法但習慣須以法律無規定者爲要件

（二）習慣爲習慣法以法律上之習慣爲必要

茲所謂法律上習慣乃從習慣而爲行爲之人確信其爲義務爲必要道德上風俗上之習慣不得爲習慣法

第三項　習慣法之效力

習慣變而爲習慣法其效力如何學說紛歧各國所採主義亦不一致有附與習慣法以成文法之

王漱蘋

効力認爲得變更廢止成文法者古代羅馬法是也否認習慣法之成立不與以何等之効力者如索遜民法是也僅能補充成文法之不逮不認其有廢止變更之効力者近世成文法國是也又化進步社會日新成文法雖發達不能網羅一切而規定於法文之中故否認習慣法之効力未爲得當然附與偉大之效力則又反乎設立法典之精神習慣法國如英美猶認習慣法僅有補充的效力而況其他我民法草案第一條有民事本律所未規定者依習慣法云云是我國亦認習慣法有補充的効力也

第二節 學說

學說云者學者對於法律自法理上所抒之意見也評判法律之是非善惡補救法律之缺點解釋法律胥學說是賴焉此其所以爲法律之淵源也惟是宜注意者學說自體决非法律立法者以學者所發表之學說作參攷之材料而已

第三節 條理

條理云者自然道理之謂與正義正道其義一也凡法無不自理出故各國多以之爲法律之淵源

條理之爲物極不明瞭而各國多設適用條理之規定者何哉蓋不如是審判官往往藉口於法律之不備拒絕審判不足以保障人權故也我民法草案第一條有民事本律所未規定者依習慣法無習慣法者依條理云云卽示此旨

第四節　條約

條約者國家與國家以文書表示之契約也條約爲國家間所締結是締結國雙方之人民無遵奉此條約之義務雖然依拘束力所及僅以國家爲限條約終難實行故國家對外國爲條約之締結同時以公布之形式發布條約於國內而人民遵守義務因是發生此種義務非被條約之拘束乃條約爲法律之淵源人民從此淵源所生之法律而受拘束也

第五節　判決例

判決者審判官對於訴訟事件向當事人所下之判定也審判官下判決須依法律律無明文則依習慣條理集此審判廳所下律無明文之判決例得爲作法之好資料此判決例所以爲法律之淵源也

審判廳下判決須受法律之拘束固無論矣至關於判決例果如何乎日本裁判官不受判例之拘

王漱蘋

東匪特下級廳與同級廳爲然即對於上級裁判所之判例亦復如是英美下級審判廳須遵守上級廳之判例我國法律不備遇疑難問題專賴請求大理院之解釋大理院有統一解釋法令之權故於大理院之判決例有遵奉之義務其他上級廳之判決例自不有何等之拘束力

第六節　外國法

外國法者外國所行之法律也外國法爲法律之淵源者非適用外國法之謂乃取法乎外國作成法律由主權者附與自國法律效力之謂也

第九章　法律之効力

法律効力所及之範圍因時因地有所不同因人因物亦不能無異今別之爲二逐次說明第一法律關於時之效力第二法律關於人物地之效力

第一節　法律關於時之效力

法律自成立以至於消滅得保有其效力詳言之習慣法具備法律上之要件成文法自公布施行發生效力至其消滅則爲法律廢止之時是也

法律有依於自體之規定而廢止者有依其他法律而廢止者例如定有期限之法律因其期限到

來而消滅新律改正舊律因變更而消滅是變更法律以制定手續繁簡而有異法律制定經過重大之手續者不得以簡易手續變更之故習慣法不能廢止變更成文法猶之法律時能以命令廢止變更也

法律之廢止新律有明文規定者固無疑義若就同一事項前既有律可循復又制定新律則何所率由乎曰後法優於前法兩律相觸在其抵觸之範圍內廢止舊法為原則夫百世不易之法律古今絕無而法律之變更廢止不能依一切之法律關係了結然後施行則是在舊法之下所成立之法律關係繼續至於新法實施後將適用舊律乎抑適用新律乎又如新舊刑法所認犯罪前後迥然時適用上同感困難故制作新律須於法文中設經過的規定或發布一種過渡法俾審判官有所適從學者常謂法律不得遡及既往遡及既往則是惡法斯語本未見其可惟是法律不有遡及的效力爲羅馬法以來所認之原則學者本此深加攷究吾人又安可不悉其原則而明其適用乎

第一項　法律不遡及之原則

當自然法學時代不發生遡及既往之問題何則法律順時勢而變更於不知不識之間故也迨成

王漱蘋

文法發達法律均以明文規定一旦變更廢止則對於新法是否應予以遡及力自有研究之必要羅馬法認法律無遡及既往之効力古代諸國法典亦奉此爲萬世不易之大原則雖然此所謂原則者非立法上之原則乃法律適用上之原則不過審判官不能遡及既往而適用法律耳如謂國家制法亦必循此而行則是不僅不能爲法律之改良且不能除既往之弊害其危險孰甚焉

法律不遡及既往原則之適用也依法律關係之性質如何而異其趣關於刑法及其他刑罰法以新法對於發布前之行爲不能及其效力爲原則我刑法第一條明示此旨蓋行爲爲罪與否依行爲當時法律之規定而決行爲當時法律不認爲有罪者至改正新律忽而爲罪則是人民不知而觸犯法條豈得謂平日本新舊刑法有新刑法之刑罰輕於舊法時適用其輕我國無此規定然自刑律第一條第二項前段觀之新法輕於舊法自與日本刑法同一解釋反之舊法輕於新法則仍以從重科刑是我國之採從新主義與日本之採從輕主義雖有不同而其爲新舊過渡時代適用之例外則一也

刑法以外之公法以有遡及力爲原則例如租稅法關於兵役之公法其他一切之行政法皆依新法之規定又如民事訴訟法刑事訴訟法法院編制法等亦同以不認其有遡及効則不克達法律

改正之目的也

私法上以法律不得遡及既往而害既得之權利爲原則是私法上一經成立之權利已受法律之保護不因法律之變更而受影響既得權云者特定之人依特定之取得原因所取得之權利之謂也既得權專以財產權爲限財產權以外之權利不認有此

當注意者既得權限於特定之人已取得之權利至將來有權利發生之希望者不得謂爲既得權又依法律之規定人人所得享有之權利者亦同例如從營業自由之原則得自由營業若新法加之以制限則其營業須受新法之支配

以上所言法律不有遡及効係法律適用上之原則法律無特別規定時適用法律者則以不能遡及既往論例如依新法廢止某制度之場合立法者僅云廢止時審判官當以將來發生之事項爲限其廢止前已成立之法律關係不受廢止之拘束至法律制度之廢止非一掃從來存在之關係則不能適合立法之精神者縱令有害既得權亦須遡及既往而適用之例如民法施行前所有無期限之永佃權地上權等於民法施行後須在法定之存續期間內縮短其年限是其適例也

改正法律有害個人之既得權國家須負賠償之義務乎曰損害賠償依國家直接受利益與否以

王漱蘋

爲斷個人爲國家公益犧牲其權利因正義之要求國家固應以公共之資本償其損害較爲得當惟是國家所以任玆賠償之責者非不法行爲所致乃自法律之改正以適法行爲使個人蒙特別之損害而發生者也倘法律用明文規定認爲不得與以補償金者被害人對於國家不有請求損害賠償之權利自不待言

第二項　法律不遡及原則之適用

法律不遡及既往之原則對於各種私權之適用如何得分爲五端而說明之

第一　人格權

人格權云者生命權身體權自由權名譽權等之總稱也此等權利之發生悉依法律之規定人人所同不得謂爲既得權故凡關於人格權之事項均受新法之支配又行爲能力以及附着身分上之權利皆然例如舊法以十八歲爲成年新法以二十歲爲成年在舊法已屆成年而於新法則否因新法之施行仍以無能力者論惟是舊法之下成爲能力者所爲之法律行爲是權已屬既得新法自不能否認其有效之行爲也

學者有以著作權發明特許權等爲人格權而謂既得權有不限於財產者余輩對於此等權利

不認其爲人格權稱之爲無體財產權故曰人格權中無所謂既得權也

第二　物

物權之取得有特定之取得原因而後發生故其設定與取得也以其當時法律定之新法對於施行前所設定取得之物權不及其效力

物權之設定取得新法無溯及效至物權之效力則依新法規定而既得權之範圍受其制限蓋不如是不足以達法律改正之目的也

取得時效適用現行之法律何則權利因時効完成而取得時効未屆不過有權利取得之希望而已初無所謂既得權也

（一）素無時效之場合　新設時効制度自施行日始適用時効是一方因時効而取得權利同時他方有權利之喪失

（二）廢止時效之場合　廢止前因時效取得權利者自適用既得權之規定不以時效而受影響反之權利尚未罹乎時效因時效制度之廢止則不能爲權利之取得

（三）新律延長時効之場合　舊律所認短期時効正在進行中因新律之制定忽告延長除

已經過年限外須達新律所訂延長期限始克取得

（四）新律縮短時效之場合　依舊律猶未罹乎時效而於新律所訂期限則已經過時認爲罹於時效而取得權利

第三　債權

債權關係成立以及其效力如何均依其成立當時法律之規定新法不得遡及施行前而適用之此外由侵權行爲不當利得事務管理所發生之債權者皆同雖然債權關係素以不反乎公共秩序爲要件是故舊法之下所成立有效之債權若新法認爲違背公共秩序者仍不得有效

第四　親屬

親屬得分爲三說明於左

（一）婚姻　婚姻成立之要件無論其爲形式與實質皆以結婚當時之法律定之新律對於施行前已成之婚姻不及其效力是亦從婚姻之成立在法律上所取得爲夫爲妻之身分既經確定與財產權不能變更既得權有同一之意義也惟是廢除婚姻之制限在舊法所視爲無效而具備新法之條件者則新法有遡及力

王漱蘋

婚姻之效力反是何則夫婦間權利義務之關係無所謂既得權乃依法律規定伴諸爲夫爲妻之身分一般的所可取得之權利義務也故法律有變更而效力亦隨之

次則夫婦間之財產關係有一定之制度者曰夫婦財產制夫婦財產制有二成婚前有相互之特別契約者謂之契約財產制無契約一任諸法律之規定者謂之法定財產制前者依契約成立當時之法律定之新律對於施行前所成立之契約不及其效力後者則各國立法例不同而學說亦有差異有主張與契約財產制同一者有謂依於新法之規定視爲婚姻之效力者二說言之有故持之成理余以前說較爲適當故甚韙不遡及之議焉

（二）親子　親子間法律關係之成立要件皆以成立當時之法律定之嗣子亦然至效力等則依新法之規定

（三）監護　監護爲親權之延長自受新法之支配

第五　繼承

（一）繼承　繼承以所繼人之死亡而後開始是繼承開始以前無所謂既得權自不待贅故繼承權依所繼人死亡當時之法律定之

王漱蘋

（二）遺囑　遺囑成立之要件皆依遺囑成立當時之法律定之新法對於其施行前已成立之遺囑無遡及力又遺囑人於死亡前得任意撤消其遺囑撤銷之方法有二（一）明示撤銷依立遺囑方法記明遺囑要旨而撤銷之（二）默示撤銷前後遺囑相抵觸時前遺囑視爲撤銷撤銷遺囑依撤銷當時之法律而受支配惟是因遺囑而取得權利之人與從繼承取得權利者同非俟遺囑人之死亡不得確定不確定自無所謂既得權故遺囑之効力以遺囑人死亡時之現行律定之不得依照遺囑成立當時之規定也

第二節　法律關於人地物之效力

古代各國法律着眼於人故効力所及之範圍僅以本國人爲限是謂之屬人主義屬人主義云者卽一國法律追隨人民而行之之謂古之猶太土耳其羅馬法皆此類也

曩昔國家思想專置重於人之集合一國法律追隨本國人民而行已如上述考其結果是不僅對於外國之外國人不能及其効力卽留滯本國之外國人亦不能受本國法之保護當無待言時至中古封建制度興畫分土地以定諸侯權力之所及一定之領地內不認有他領權力之侵入於是土地與法律乃生重大之關係而有所謂屬地主義矣屬地主義云者法律在一定場所而有効力

之謂易詞而言之卽立於人之現在地或物之所在地之法律之下而受支配之謂也行屬地主義之結果服從於土地主權者得左列三種

一　凡在內國之自國人民

二　僑居國內之一切外國人民

三　外國人與內國人所有之物存於國內者

絕對採取屬人主義本國法自不能及於外人設外人在國內有紊亂秩序之行爲是必逍遙法外屬地主義則沒却國民之特性有阻礙其本國風俗習慣之虞二者各趨極端均不足以爲法故近世各國以屬地主義爲本而參酌屬人主義焉學者稱此主義曰混淆主義又曰折衷主義

因混淆主義之適用舉凡所受法律之支配者如下（一）治外法權（二）領事裁判權（三）能力（四）親屬關係及親屬上之權利義務（五）繼承及遺囑（六）關有國民之特性（七）物權（八）契約（九）刑罰法（十）行爲之方式（十一）出生之血統主義及出生地主義

第一　治外法權

治外法權者留滯一國領域內之人或物免除服從該國法律之義務者也是爲對於屬地主義

之例外事此權利爲政治上及軍事上之代表例如大總統君主公使軍艦軍隊是其所以不服從滯在國之主權者要不外足以使之充分爲代表本國之行爲而已

第二　領事裁判權

領事裁判權者以條約之結果留滯國內之外人不服從內國之裁判而受其本國所派遣領事之裁判者也是亦屬地主義之例外領事裁判權行諸我國自中英南京條約始厥後各國援例締結條約而得此權於是僑居我領域內之一切外國遂爲我法律效力之所不能及矣國家本主權之作用對外則不受他國干涉謂之爲獨立權對內則使領域內之人民皆有服從本國法之義務謂之爲統治權今因條約束縛之結果而以領事裁判權許與外人是獨立權與統治權均被制限喪權辱國恥孰甚焉夫外人欲保留此而不予我撤回者不過籍口於我國法律之不完備監獄之未改良司法人才缺乏不克充分保障人之生命財產而已若是則我國欲圖補救此害須將上揭各端爲根本上之解決以冀達到完全收回之目的否則悠悠國恥吾恐終不可得而雪矣噫

第三　能力

能力云者人之享有權利或行使權利法律上之資格之謂也普通所稱能力係指行使權利而言行使權利之能力曰行爲能力行爲能力依本國之人情地勢氣候風俗習慣等而受支配故亦爲屬地主義之例外至權利能力則否我法律適用條例第五條規定人之能力依其本國法者卽行爲能力是也

第四　親屬關係及親屬之權利義務

親屬關係及親屬上之權利義務依其本國法定之是亦屬地主義之例外例舉如左

一　婚姻

婚姻成立之要件因雙方國籍同否而有異國籍同則從其本國法國籍異則依當事人各該本國法（法律適用條例第九條）關於離婚則依其事實發生時夫之本國法及中國法均認其事實爲離婚原因者得宣告之（法律適用條例第十一條）離婚須從事實發生時夫之本國法者所以杜爲夫者擇其有利於己之法律而爲轉國籍之行爲也婚姻之効力以夭之本國法定之（法律適用條例第十條）

二　親子

王漱蘋

子之身分依出生時其母之夫之本國法(法律適用條例第十二條)關於養子成立之要件在雙方同一國籍者自從其本國法國籍不同則依當事人各該本國法(法律適用條例第十四條)父母與子之法律關係依父之本國法無父者依母之本國法(法律適用條例件十五條)

三　扶養義務

關於扶養義務問題視權利人義務人國籍同否而有異國籍相同適用其本國法國籍有異則據我法律適用條例第十六條之規定依扶養義務者之本國法是扶養義務之有無專視受扶養請求者之本國法如何耳但其請求猶以我國法律所許為要件故該條後半段曰但扶養義務之請求權為中國法所不許者不在此現

第五　繼承遺囑

法律適用條例第二十條曰繼承依被繼承人之本國法二十一條則有遺囑之成立要件及効力依成立時遺囑人之本國法之規定是繼承遺囑均為屬地主義之例外此原則之適用不獨我法律適用條例為然殆為各國一般所採用者也

第六　關於國民之特性

凡一國人民每本其特有之性而享有權利負擔義務爲外人所不可得同有者是亦排斥屬地主義而適用屬人主義者也例如爲官吏之權利服兵役之義務是私權則不然內外人同等享有無分畛域

第七　物權

物權包含動產與不動產而言關於物權依物之所在地法此裁法律適用條例第二十二條所規定者也反對者曰所在地法適用於不動產則可適用於動產上則不可也何則動產變更靡常以所在地之變更而異其法律之準據人民將有不便之感且所有動產有時散在於各國必一一從其所在地法煩雜何堪反對派所持論調固未可厚非但依所有人之本國法如遇國籍不同之人共有財產時又將何所依據乎

第八　契約

關於契約所適用之法律依當事人之意思定之當事人意思不明時同國籍者依其本國法不同者依行爲地法爲原則觀我法律適用條例第二十三條之規定也明甚對此亦有種種反對

王漱蘋

之學說有謂契約重在履行故應從履行地法有謂契約置重債權以從債權人之本國法爲宜亦有謂爲債務人之利益應從債務人之本國法者尤有主張從訴訟地法者雖然契約以當事人之自由意思爲基礎當事人之意思不明除國籍相同者外以行爲地法爲適合於當事人之意思較爲妥當

第九　刑罰法

刑罰所以懲治擾害犯罪地之安甯秩序者是純爲屬地主義觀我刑律第二條有本律於凡在中華民國內犯罪者不問何人適用之之規定可以知之又法律適用條例第一條曰依本條例適用外國法時其規定有背於中國公共秩序善良風俗者仍不適用之愈足以瞭然矣

第十　行爲之方式

法律行爲之方式依行爲地法名此原則曰『場所支配行爲』各國法律一致所採用者也我法律適用條例第二十六條即明示此旨

第十一　出生之血統主義及出生地主義

因人之出生而賦與國籍徵諸各國所採主義約得其二(一)血統主義(二)出生地主義血統

主義者子之出生以其父母之國籍爲國籍出生地主義則不問父母之國籍如何專依出生地而定之之謂也前者爲屬人主義後者爲屬地主義我國以血統主義爲原則加以出生地主義是可謂折衷主義之一種今據我國國籍法從出生爲中華民國國民者如左

一　生時父爲中國人者

二　生於父死後其父死時爲中國人者

三　生於中國地父無可考或無國籍其母爲中國人者

四　生於中國地父母均無可考或均無國籍者

法律關於地之効力者即法律行諸區域內有一定之範圍是也法律行諸區域內之範圍得分别三說明於左

(一)法域與國家領域同一之場合

法律之效力不能普遍全球惟行乎一定之場所稱此法律所行之區域曰法域法律施行全國故法域範圍與國家之領域同一爲原則欲知法域須先說明領域之範圍

領域非僅指陸地而言海洋亦包含之定海洋之範圍爲國與國之關係故須依據國際法之斷

王漱蘋

係故須依據國際法之規定國際法以退潮時自陸地沿岸迄三海里之海洋視爲國家之專有稱此三海里之海洋曰領海若是則自陸地以至三海里爲國家之領域行諸領域內之法律曰普通法

(二)法域小於國家之領域

法域與國家領域同一爲原則但國家從立法之便宜於領域之一部分因普通法效力之所不能及而制定一種專行之法律者是謂之法域小於領域例如我青海之番例條款蒙古之理藩院則例是此種法律僅行諸特別區域故名之曰特別法

(三)法域大於國家之領域

法律從其本來之性質其效力不能及於國境外固不待言惟是他國法律所不行之場所雖國境外亦得及其效力者卽公海中自國之船舶是也此之謂法域大於國家之領域法域大於領域從國際法之原則與法律固有之效力自應爾爾無須乎明文之規定此點與領事裁判權必以條約之結果然後能行本國法有他國領域內者是則爲異

法律關於時地人物之效力已如上固述矣茲猶有附帶說明者即就時與地點之効力所關聯之

事項得示二三之問題是也(一)隔地而結契約以何時爲契約成立之時乎(二)隔國而結契約從何國之法律而定契約之成立乎(三)就刑法上行爲言之犯罪原因與犯罪結果其國界須從何國法律而決其犯罪乎又屬於何國之審判權乎今逐次說明之

第一　隔地而爲契約以何時爲契約成立之時期乎

隔地而爲契約依當事人意思合致而定之若當事人意思不明應以何時爲契約成立之時期自來有種種學說今擇其要者略述如左

一　要約人自承諾人受承諾之通知而知其有承諾時契約成立

是說也以締結契約貴乎意思之合致意思合致與否契約人尚未之知即使契約成立而發生拘束承諾人之效力未免失諸苛酷故以要約人知其有承諾時爲契約成立之時期雖然承諾人之爲承諾須通知要約人更自要約人表示已知悉之意旨契約成立迂緩而不敏且要約人了知與否頗難證明承諾人常蒙不利此主義不足奉以爲則也

二　承諾人對於要約人爲承諾同時契約成立

此說以當事人之意思合致爲契約之要素承諾原於合致故應同時成立雖然善則善矣弊亦隨

王漱蘋

之何則承諾人當未發承諾通知以前可得自由變更其意思即已發送而承諾書面未到達時猶不保其不以快信撤回夫以尚未完成確定之意思表示遽謂其效力即可發生烏在其爲當乎

三　承諾人對於要約人已發承諾之通知而契約成立

此說亦不免有缺所謂發承諾通知之時期果何所指乎且承諾人對於要約人發承諾通知後尚得以快信撤回其弊與第二說同

四　要約人受取承諾人之承諾狀而知其有承諾時契約成立

承諾人表示承諾即屬意思之合致承諾狀之有無於契約成立無與也若是則受取承諾狀不外表明要約人知其有承諾而已此說之缺點與第一說同

我民法草案採取受信主義觀夫第一百九十四條向非對話人之意思表示自其通知到達相對人時生効力之規定可以知之受信主義合乎理論惟是承諾通知到達與否不易確知知之而後着手履行生交易之遲滯然方諸各說其亦可謂較爲完善之制度歟

第二　隔國而締結契約須據何國法律而定契約之成立乎

我法律適用條例第二十三條第四項曰契約要約地與承諾地不同者其契約之成立及效力以發要約通知地爲行爲地若受與約人於承諾時不知其發信地者以要約人之住所地視爲行爲地是我國所採主義係據要約發信國之法律而定契約之成立者其立法之理由即不外圖要約人及承諾人雙方之利益而已何則承諾人接到要約通知得調查要約地之法律而決定其承諾與否不如是必欲據發承諾通知地之法律則承諾書發自何國要約人不能預知知之不易則是以其所不知之法律而束拘之殊未見其可我法律適用條例所採用之主義爲今日各國一般所是認者也

第三　就刑法上之行爲言之犯罪原因與犯罪結果異其國界須據何國法律而決其犯罪乎又屬於何國之審判權乎

本問題須例示以明之例如甲國人從乙國發槍射死留滯丙國之丁國人何國有審判管轄權乎又據何國之法律而決其犯罪乎關於此有採原因地說者有取結果地說者採原因地說者則謂應從乙國之法律採結果地說者則謂應從丙國之法律余以爲不問其被害人與加害人之屬於何國凡原因結果地之審判廳有審判管轄權得從其國之法律而審判之

王漱蘋

第十章　法律之解釋

法律文字貴乎明瞭否則實解釋之是賴惟人之所見不同解釋乃至紛岐致法文轉生疑義而滋流弊故有發布法令嚴禁法律之解釋者非無故也雖然制定法律本屬不易縱有學識經驗卓絕一世之人當編纂之任終難期乎無缺是以法律有不經解釋而意義卒不明晰者於是解釋一道遂成爲不易之論矣

解釋法律之方法有二（一）學理的解釋（二）强制的解釋學理的解釋者學者以學理解釋法文之謂也此僅能自述所見而不能强政府之採用故又曰無權解釋强制的解釋則不然强制的解釋者以法律之强制力命其爲一定之解釋如有不從即以違反法律論須受一定之制裁故又曰有權解釋

第一節　學理的解釋

學理的解釋約分爲二即文理解釋與論理解釋是也文理解釋者從法文中文章字句之意義而爲解釋者也論理解釋者不拘泥於文字而究立法之眞意依據論理以闡明法律之意義者也主張文理解釋者曰文字所以表彰意義故解釋法律不可求諸文字以外雖然僅以文字爲解釋未

見其可使文義不明瞭時則解釋窮余以爲法文之解釋先據文理次及論理猶須攷察法律制定當時社會與國家之狀態無他法律與社會上經濟上政治上之事項相關聯故也但文理與論理未必一致且常相背馳則解釋者諸多窒礙如之何其可乎曰解釋法律不外明立法之眞意據文理而爲曲解反於解釋之精神是以置重於論理解釋爲宜

分論理解釋而爲三(一)制限解釋(二)擴張解釋(三)補正解釋制限解釋云者法律所定文義失於廣漠須縮小而加解釋之謂例如我憲法第二十條曰中華民國人民依法律有服兵役之義務茲所謂中華民國人民其殆指中華民國男子乎抑包含中華民國女子而言乎法文既不明瞭此解釋上不得不加以制限而謂中華民國人民字樣僅以中華民國男子爲限也擴張解釋者法律所定文義過於狹隘不能盡立法者之意擴張其範圍而廣加解釋者也例如禁止斫伐樹木之揭示竹雖非木亦以禁止解釋之是補正解釋云者立法者不言其所欲言或不能盡所欲言而解釋者以論理解釋補充之之謂也補正解釋不保無背立法者之眞意故有主張不許用此解釋者雖然適用法律豈徒了解文義已哉必也明瞭立法之意思如謂補正解釋爲不可則制限與擴張亦應不許將何以補救立法者之誤謬故余以補正解釋爲必要惟當解釋之任者須切實用心勿

輕易行之斯可耳

學理的解釋法律既如上所述猶有二事不可不注意者(一)法律所用文字不明瞭時宜寬大解釋質言之即法律之所不制限者不可加以限制是也例如謂之曰人乃包含自然人與法人而言自然人無分老幼男女若限制解釋而故爲區分曰特定人則誤矣至特別之權利法懲罰法義務法以及法文有特別之規定者則否蓋此等法律於個人之權利義務有重大之影響故解釋不能不嚴格制限也(二)法律所不禁止之事項當視爲許可夫禁止即不許可乃所以示遵守也設於不禁止之事項亦視爲不許可則胡事可爲胡事不可爲豈非漫無界限致人民無所適存乎故法所不禁當以許可解釋之

第二節　强制的解釋

强制的解釋云者以國家之權力强制之使爲一定解釋之謂也分强制的解釋爲三立法的强制解釋司法的强制解釋行政的强制解釋是也

第一　立法的强制解釋

立法的强制解釋云者立法者以法律解釋法律意義之謂也此種解釋因其自身亦一法律故

有否認其爲解釋者立法解釋得分爲三（一）發法令而爲解釋例如以施行律解釋本律是（二）於同一法令中詳加解釋例如民法草案第一編第四章曰物而於第一百六十六條曰稱物者爲有體物以第一百六十六條解釋第四章之所謂物是（三）上級官廳對於下級廳以指令爲解釋

關於立法解釋之原則有三第一立法解釋不遡及既往第二立法解釋爲一法律故有拘束司法官行政官及一切人民之效力第三參與立法者當立法評議所發表之意見決不有强制的解釋力蓋此非國家之意思乃參與立法者之私見也

第二　司法的强制解釋

司法的强制解釋云者司法官適用法律對於法文所爲之解釋之謂也司法官下判決解釋法律毋須秉承上官之意旨憑智識學力以行解釋而受判決者有服從司法官所爲解釋之義務

司法解釋不能拘束一般人民及其他審判廳故關於同一法文各審判廳得自爲解釋無下同一判決之義務惟對於大理院之解釋則否觀法院編制法第三十五條有大理院長有統一解

王漱蘋

釋法令必應處置之權之規定可以知之

第三　行政的强制解釋

行政的强制解釋者行政官施行法律所爲之解釋者也此種解釋之效力僅及於其施行事項故對於司法官與立法者不有何等之拘束因此而受拘束者惟下級行政官以及因此解釋而受執行之人民而已

第十一章　法律之分類

法律依成立方法效力以及規定關係之不同得區分之爲種種學者有以法律分類應別爲自然法與人定法而說明者余以自然法非法律故否認此區別玆僅就成文法之分類加以敍述擇其重要者舉示如左

第一節　國際法國內法

國際法與國內法之區別法之性質由然所謂國際法者國家與國家間所行之法律依文明諸國之承認而定國家相互之權利關係者也易詞而言之則文明諸國相集而組織一國際團體定團體員（卽國家）相互間權利義務關係之法則者也國內法者關於國家內部之事件規定國家之

行爲以及私人之行爲之法則者也國內法通常稱爲法律學者亦有稱之爲國法者國際法依文明諸國之承認而成立非一國之主權者對於其他國家有爲命令之權故英國學者有謂國際法非法律而爲國際道德者其理由以爲國際法不啻無主權者之命令且對於違反者不有一定之制裁法之性質不具夫何法之足言反對是說者曰法律未嘗均出自主權者之命令依主權者所承認之法則亦不失爲法彼習慣法而謂其非法律乎且國際法非絕對無制裁如對於違背局外中立之法則爲運送戰時禁制品之船舶者得拿捕之又依於捕獲審檢廳之判決得沒收被拿捕之船舶及荷物皆戰時國際法中所規定之嚴格制裁與刑事審判廳審判犯罪沒收供犯罪用之物件有何異乎至謂國際法無司法機關而近來有萬國仲裁裁判所之設立以備國際事件之裁判是國際法又安見其非法律耶

國際法是否爲法律爲學者所聚訟然自國際團體之實際觀之則國家相互間從一定之慣例享有權利負担義務正如成文法不發達之古代個人相互間從一定慣例有權利負義務同是國際法之爲法律也明甚惟是國內法發達在前國家本國內之法律思想應用於國家間而有國際法其成立方法規定關係以及其效力等既與國內法有異自不能下同一之觀察茲就二者之差點

王漱頊

比較說明於左

第一　國內法從主權者之命令或認定而生效力國際法乃由平等之國家相互認承而成國家與國家之上無最高權力者此其成立之方法有以異也

第二　自其規定之關係觀之二者亦自有別國內法者規定個人相互之權利義務以及國家與個人間命令服從之關係而國際法則國與國對等之關係卽所以規定一國對於他國所有權利義務之關係也

第三　國內法賴國家之主權以維持得以制裁强行其規則其效力强國際法則不然除訴諸列國之輿論及感情外專依自己之腕力以圖權利義務之實行其效力弱

第四　國際法上之自助無確實之保證國法上之自助則國家與以充分之保證是也

第二節　成文法不文法

成文法與不文法由於成立方法之有異也依文書形式而成立之法律曰成文法不記載於文書僅認定其有法律之效力者曰不文法古代不文法盛行如習慣法如裁判例如學說如條理者皆是惟習慣法發達最古學者往往以不文法文字與習慣法文字並用實則習慣法以外尚有裁判

例等種種之不文法在是安得以習慣法與不文法作同一意義解釋乎

成文法與不文法之得失不可不一知之

不文法非出自主權者之意思而基於實際之慣例與條理故其變遷也與世同移司法者如得其人則收運用良好之效不得其人則濫用法律曲庇罪人陷害無辜其弊亦不堪設想成文法規定明顯審判官不能枉法文而下判決固無不文法中所列弊端惟是律無明文不得加以懲罰奸猾之徒嘗探索法文之罅漏而有逃脫法網之處且審判官動輒拘泥文字無斟酌事情而爲判決之餘地是成文法又不如不文法之適合乎實際

成文法與不文法各有長短至其適用則以成文法爲先我民法草案第一條曰民事本律所未規定者依習慣法無習慣法者依條理卽示此旨無成文而用不文僅以民事爲限至刑事則採罪刑法定主義故律無明文不得處罰

第三節　普通法特別法

因法律效力所及範圍之廣狹如何得區分爲普通法與特別法普通法云者行諸一般範圍內之法律之謂也特別法云者特種之範圍內所行法律之謂也普通法與特別法區分之標準約得其

三第一法律效力所及於土地之範圍第二法律効力所及於人之範圍第三法律適用於所規定事項之範圍今逐次說明之

第一　以土地爲本而區分爲普通法及特別法

從此區別言之則施行於全國一般之法律曰普通法如我中華民國全國所行之法律是國中特種區域所行之法律曰特別法如我蒙古之理藩院則例青海之番例條欵是

第二　以人爲本而區分爲普通法及特別法

據此而爲區別則是一般國民所遵奉之法律曰普通法其效力僅及於特種之國民者曰特別法特種之國民云者從其職業身分地位能力等有異而言者也憲法刑法民法民事訴訟法刑事訴訟法等屬於前者陸海軍特別刑法官吏服務令等屬於後者

第三　以法律關係爲本而區分爲普通法及特別法

依法律所規定之事項而爲區別則是一般之法律關係所適用者曰普通法特種之法律關係所適用者曰特別法例如民法所以定國民普通一般生活關係之法則故曰普通法商法乃關於商事所以定商人特別之生活關係者故曰特別法

此種區別甚不正確就法律所規定之生活關係言之何者爲通常一般之事項何者爲特別之事項是不過比較的相對的區別而已若以商事關係爲特別事項則刑事關係民事關係亦可謂爲特別事項舉凡人類之生活關係不能以一種法律包含規定者又何嘗非特別事項乎英美學者謂商法爲普通法而非特別法者信然

普通法與特別法有區分之必要者卽其效力有優劣故也在同一之施行範圍內特別法與普通法相抵觸時特別法優於普通法而先適用

第四節　固有法繼受法

自法律發達之沿革觀之得區分爲固有法與繼受法固有法者基於自國固有之風俗習慣而成立之法律者也繼受法云者以外國法爲模範而作成法律之謂也法律固所以發表國民之精神然文明進步交通頻繁各國人民不僅爲有形貨物之交換且進而爲制度文化之交換取人之長補己之短勢所必然是以今世諸國純粹基於本國固有之制度而制定法律者未之有也

一國繼受他國之法律有直接與間接之區別直接之繼受法云者取他國之法律爲自國之法律而與以法律效力之謂也例如中世之德意志以羅馬法爲法律而採用之近世之比利時以法蘭

西民法爲自國之法典是間接之繼受法云者立法者以他國之法律爲材料而制定法律之謂又審判官以依條理習慣之名義據他國法律爲判決之標準者亦然如近世意大利西班牙葡萄牙等之民法以法民法爲模範而制定之英國之習慣法因裁判官倣羅馬法之原則所爲判決之先例而成立是其適例也

因法律之繼受而生母法子法之區別繼受者曰子法被繼受者曰母法例如羅馬法對於希臘法曰子法希臘法對於羅馬法稱母法是繼受法與固有法既有子母之關係於是區別之實益乃生解釋繼受法必溯及其母法明其學說悉其判例而後可故研究法律者須辨明法之爲繼受與否如爲繼受則須考察母法之精神尤須參酌母法之母法而研究之

第五節　實體法手續法

實體法與手續法依法律規定之如何而爲區別者也所謂實體法者規定權利義務實質之法律也手續法者規定實行保護權利之方法者也憲法刑法民法商法等屬於前者刑事訴訟法民事訴訟法等屬於後者

實體法與手續法之區別係就法律大體而觀察之非將法律規定之全體爲一定之分類也例如

商法爲實體法並規定註册及其他之手續民事訴訟法爲手續法而有訴權之規定是實體法中亦規定手續事項而手續法中又不乏權利義務之規定也雖然手續法中所規定之權利義務由於侵害民商法等之實體法中所規定之權利以及不履行所規定之義務而發生者因第一權利被侵害而有第二權利義務之規定以救濟之此英美學者所以稱實體法爲主法手續法爲助法德意志學者謂實體法爲實質法手續法爲形式法者職是故也

實體法與手續法之區別實益甚罕惟法律之解釋適用上則見其有必要審判官不得藉口於法律之不備拒絕審判爲近世文明諸國法律所認之原則此原則僅就實體法而言非包含手續法而爲適用故實體法有缺審判官得探究立法之精神依學說條理而爲判決至手續法不備則除拒絕判決執行外他無補救之方法在也

第六節　强行法任意法

强行法與任意法依法律規定之內容如何而分類也規定不得以當事人之意思變更法律之適用者曰强行法例如刑法以及其他刑罰法之規定對於違反者加以制裁毫不問個人之意思如何而絕對適用者是任意法云者個人所爲之意思表示與法律所規定者有異而法律許容之之

謂也如買賣以及其他契約之規定以當事人不表示反對意思爲限而受適用是

學者有以公法之規定爲强行法私法之規定爲任意法者是未得稱爲區別正確之標準何則公法之規定一聽諸個人之任意者不乏其例如選舉法固爲公法然選舉權之行使或拋棄任選舉權人之自由是亦任意法也又私法中有不許容個人之任意者如關於人格能力之規定物權存在制限之規定以及不法行爲之規定等均不得以個人之意思自由變更若是則何一而非强行法乎

學者有以法律之禁令與放任爲强行法與任意法區別之標準者曰勿殺勿盜法所禁也納稅服兵法所命也禁止命令不得任諸個人之自由故爲强行法反之如關於婚姻之規定爲婚與否國家不得加以强制是卽所謂任意法斯言也似是而實非余闢其說之誤謬說明於左

一　禁止法與命令法屬於强行法固矣不屬於禁止命令之規定何所見而謂其非强行法乎例如婚姻一任諸各人之自由法律固未嘗加以命令禁止也一旦爲婚必也依據婚姻法之規定不許當事人爲反對之意思表示由此觀之則是國家强行其規定之一點與命令法禁止法毫無足異然則關於婚姻之規定亦强行法也論者僅以禁止命令爲强行法之說明毋乃失於狹

隘乎

二　如論者所云放任個人之自由者爲任意法是一切法律無一而非任意何則關於不法行爲規定以及刑罰之規定非國家對於不法行爲殺人之行爲加以禁止乃使殺人之人與夫爲不法行爲者負擔一定之結果而已若是則殺人與否爲不法行爲與否仍屬個人之自由與婚姻本乎人之任意既爲婚姻則須負擔一定之結果有何異乎

三　僅以禁止法命令法爲强行法則凡法律莫非强行可不認任意之存在何則民法中所載之任意法限於個人無反對之意思表示則依民法之所規定而定權利義務之關係有反對之意思表示時則從其意思從其意思依民法之規定均爲法律之適用與適用刑法稅法之規定殊無少異

準上以觀則强行法與任意法之區別不得依其爲禁令與否以爲斷惟以當事人對於立法者所立之規則得爲不同之意思表示與否而決一言以蔽之卽法律之規定關於公共秩序善良風俗者爲强行法有關公秩良俗無論當事人之意思如何必强行之不得稍事許容故也

强行法與任意法區別之實益於解釋適用法律大有攸關如爲任意法則須考察當事人之意思

而定權利義務之關係至强行法則否更自强行法之範圍觀之於國際私法中制限外國法之適用定內國法適用範圍之標準是豈僅關於民商法中所規定法律行爲之有無効之問題乎

第七節　公法私法

公法與私法在法律學之分類中極其重要而對於區別之標準學說紛歧莫衷一是玆舉其重要者臚列於左

一　關於公益之法律謂之公法關於私益之法律謂之私法自羅馬之烏耳比安以來一般學者所是認此區別者也羅馬法典第一編曰公法者關於羅馬國事之法律私法者關於羅馬私人利益之法律其意卽此雖然公益與私益之區別果何所據而爲標準乎蓋國家者爲個人之集合體維持國家公益卽所以增進個人之幸福維持個人利益要不外達國家公共之目的例如對於財產上之犯罪刑法處罰犯人固關於國家之公益同時保護私有財產卽所以維持個人之私益是故凡一事件關於單純公益或關於單純私益者實不多覯或曰國家所保護之利益有直接間接之分直接保護公益者曰公法直接保護私益者曰私法雖然直接乃與間接乃屬程度上之間題顧安得稱爲正確區別之標準乎

二　以法律之應用委之於權利者曰私法否則公法易詞而言之則私法者規定個人可得自由拋棄之權利之法律也公法者規定個人所不得任意拋棄者也雖然選舉權對於親告之訴權得拋棄之親權夫權法律不許自由拋棄是公權未嘗不可拋棄而私法上之權利亦有絕對不許拋棄者也

三　規定國家與人民之關係者爲公法規定個人相互間之關係者爲私法此種區別驟視之似亦完善實則不甚明顯何則國家與人民之關係而屬於私法者不乏其例又人民相互間之關係而屬於公法者亦復不少例如人民應國家所募集之公債從此所生權利義務之關係是亦公法乎又民事訴訟法係規定人民對於人民之訴訟手續而今日之學者莫不認其爲公法

四　私法者定人與物之關係之法則公法者定人與人支配關係之法則也雖然法律皆所以定人與人之關係而不有人支配人之關係故此說未見其可

五　定權力關係者曰公法定權利關係者曰私法權力關係云者一人對於他人服從關係之謂也權利關係云者個人相互之對等關係也倡此說者謂個人與國家之關係常爲服從之關係個人相互之關係常爲對等之關係是殆不然何則凡權利依國家之權力始發生權利關係與

王漱頸

權力關係有不可相離之關係在也且近世憲政發達個人對於國家得有種種之權利何得謂悉屬命令服從之關係耶更自個人相互之關係言之子對於親妻對於夫均有服從之義務是私法又何嘗無服從之關係此說失諸正鵠無待多言

六　吾人共同生存之關係得區分爲公生活與私生活人民以公資格爲國家團體之一員同時以私資格爲社會團體之一員定前者之生活關係爲公法定後者之生活關係爲私法以個人之資格區分爲二惟關於參政權之法律與夫普通之私法足以說明而不能爲概括的區別也例如刑法訟訴法所規定者固爲公法之關係然所訴權然所謂訴訟所謂犯罪所謂服從刑法均不得謂個人以國家一員之資格而爲公生活關係是則不能以公生活與私生活爲公法私法區別標準也甚明

上列各說失於偏頗皆不足爲公法私法區別之標準今余擇其比較的正確者說明如次

公法云者規定國家之主權自體以及主權活動之關係之法律也私法云者依主權之作者而定私人行爲之法律也據此而類分之則憲法議院法選舉法行政法地方自治制刑法刑事訴訟法民事訴訟法破產法等皆屬於公法國際公法亦然民法商法其他之法律皆屬於私法

憲法者規定主權自體及主權活動之法律關係行政法者關於行政組織及行政作用之法則皆公法中之最著者又選舉法所規定之選舉權被選舉權為構成立法機關參與立法權活動關係之法則是亦公法也刑法刑事訴訟法之為公法自無待贅至于民事訴訟法如何則各國學說不一英美法學者以其為規定私權保護之手續概目之為私法德意志學者則謂民事訴訟法乃規定國家私法權運用之手續其中所規定之訴權為個人對於國家要求強力行使之權利為公權而非私權故亦為公法就民事訟訴法為規定關於國家主權活動之手續一點觀之與憲法行政法定主權活動之機關彼以民事訴訟法為私定者由於不知手續法之為公法也二者以德意志學說為正當是民事訴訟法亦為公法破產法乃關於破產財團分配之規定為國家行使司法權保護債權人之手續法亦屬公法國際公法為規定國家對外主權活動之法則自應列彼此權力關係與權利關係為公私法區別之標準於公法部謂其為列國對等之關係非公法而為私法者是不足採也

學者有以公法私法之區別無何等實益而視為無用之長物者殊不知公法上之現象與私法之現象大異其趣公法既不得依私法之法理而為說明則是吾人研究法律又安可不分公法與私

法爲二大部門以考究其特殊之法理原則乎

第十二章　法律之制裁

第一節　制裁之意義

制裁云者法律所與之不利益也詳言之卽國家爲維持社會之秩序予違法者以不利益之謂也茲分析此定義而說明之

第一　制裁者不利益也

國家爲維持社會之秩序增進人民之幸福別善惡明賞罰加違法者不以利益與善行者以獎賞獎賞非制裁此其所以單稱不利益爲制裁也

第二　制裁者違法者所受之不利益也

違法者何卽違犯法律之規定侵害他人權利以及不履行自己之義務者也是故與損害於人而爲法律所認許者不得謂之違法例如因正當防衛而致人於死不蒙何等之制裁是

第三　制裁者國家對於違法者所加之不利益也

不許私人行使權力爲近世文明國所認之原則是故加違法者以制裁必藉國家之權力行之

所有人對於不法奪取財產者不得以腕力取回債務人不履行債務而圖遠颺債權人不得抑留其身體刑法上除正當防衛外不得擅自報復故曰制裁者國家對於違法者所加之不利益也

第四　制裁者國家爲維持秩序加違法者以不利益也

制裁非國家之目的乃依此以期維持社會之秩序者也文化進步社會日新制裁亦因之而異其趣然其爲維持秩序加違法者以不利益也則不問古今無分東西同出一轍

制裁之意義已如上述今進而言制裁之種類

第二節　制裁之種類

第一項　公法上之制裁

公法上之制裁云者待國家機關之請求加不利益於違反法律者之謂也公法上之制裁分爲刑罰法上之制裁及行政法上之制裁

第一　刑罰法上之制裁

刑罰法上之制裁云者刑法以及其他刑事法對於違法者加以制裁之謂而違法者因之剝奪

王漱蘋

其生命身體自由名譽財產之最大不利益也刑罰法上之制裁得別之爲五

一　生命刑

所謂生命刑者即剝奪犯人生命之刑罰也古代執刑死刑用磔殺焚殺鋸引車裂釜煑等種種殘酷之方法而今則僅犯人永離社會爲目的不令其蒙無益之痛苦僅以絞殺斷首鎗殺電氣殺之方法爲之

近世歐洲各國盛唱死刑廢止論且不無實行廢止之國者其理由曰人之生命授之於神以人殺人甚不當也又曰訟刑者所以使犯人與世長離也終身禁之亦使永訣之一道又何用殺戮爲反於者曰終身拘禁不保無脫獄之虞且國家虛糜養費實足以增國庫之負擔而良民將不堪租稅重課之苦二說言之有故持之成理徵諸實例則保存死刑者較多然自立法論言之則死刑之存廢猶有研究之餘地在也

二　身體刑

身體刑云者加痛苦於犯人身體之刑罰也古代所行之劓刑刵刑笞杖等皆是此種刑罰不足以促犯人之悟悔徒長殘忍酷烈之性行故近世除笞杖刑猶有存者外餘悉廢止

尙有一種身體刑非與犯人以身體上之痛苦而以之爲初犯再犯之標識並使社會之人目擊其狀而生戒心者即黥刑是也黥刑之用不僅不能使犯人入於自新之途實足令其陷於自暴自棄之境此近世歐洲學者所以盛唱廢止也

三　自由刑

自由刑云者束縛犯人自由之刑罰也自由刑之目的不在使犯人身受痛苦在於拘束其自由使之遠隔社會加以精神上之苦痛也自由刑之種類各國不一我國現行刑律所認者如左

甲　徒刑　徒刑云者拘置於監獄之謂也徒刑分爲有期與無期無期徒刑者永遠拘置於監獄之謂也有期徒刑分爲五等列舉如左

(1)一等有期徒刑　十五年以下十年以上

(2)二等有期徒刑　十年未滿五年以上

(3)三等有期徒刑　五年未滿三年以上

(4)四等有期徒刑　三年未滿一年以上

王濑蘋

（5）五等有期徒刑　一年未滿二月以上

乙　拘役　拘役者一日以上二月未滿監禁於監獄內是也

四　財產刑

財產刑云者剝奪犯人財產之刑罰之謂罰金沒收是也沒收者對于違禁私造私有之物犯罪所用及預備之物因犯罪所得之物且以犯人以外無有權利者爲限剝奪之一種之從刑也古代有贖罪制度凡犯死刑身體刑以及其他刑罰者得易之以金而免其刑今則不認有此而以財產刑爲刑罰之中樞一律適用從犯罪之重輕由審判官酌量科之罰金額數爲一元以上無資力者以一元折算一日易以監禁

五　名譽刑

名譽刑者剝奪犯人之名譽或加之以恥辱一種之從刑我現行刑律第四十六條規定褫奪公權者是也茲將該條所認之名譽刑列舉如左

褫奪公權者終身褫奪其左列資格之全部或一部

（1）爲官員之資格

(2)爲選舉人之資格

(3)膺勳章之資格

(4)入軍籍之資格

(5)爲學校監督職員教習之資格

(6)爲律師之資格

第二　行政法上之制裁

行政法上之制裁云者國家爲强行行政法規或行政處分加違法者以不利益之謂也對於國家有特別服從關係者所受之制裁謂之懲戒罰普通人所受之制裁曰行政罰執行罰今逐次說明之

一　懲戒罰

懲戒罰云者官吏律師公證人議員軍人學生等有特別服從之義務者違反其服務規律所受制裁之謂也稱此制裁曰懲戒處分例如學生違反校章而受記過停學退學等處分官吏依據文官懲戒條例而受褫職降等減俸記過申誡之處分是也

王漱蘋

二 行政罰

行政罰云者對於違反行政法規者加以制裁之謂罰金與拘留是也就制裁自體論行政罰與刑法罰殊無少異惟其無須刑法上之所謂故意僅以違反爲制裁之要件故此種法規爲行政法而非刑事法違反此法規者乃行政犯而非刑事犯此學理上所以特爲區別之曰行政罰也

三 執行罰

執行罰云者對於依行政法令或行政處分負有行爲不行爲義務而違反之者所加之制裁也簡言之卽對於不依國家之命令者加以强制處分之謂也國家命令有以物的給付爲目的者有以人的給付（卽特定之作爲不作爲）爲目的者如爲物的給付則國家直行其强制徵收毋須依據强制執行之手續至人的給付則除有緊急必要之場合外不得行直接强制處分（行政執行法第八條）義務者不遵命令而官署自爲義務者所應爲之行爲或命他人代行時其費用可向義務者徵收之曰代執行代執行之規定不適於不作爲之義務作爲義務之性質上不得倩人代行者亦然當此際國家惟有命其爲一定之行爲或不行爲同時

須爲告戒如一定之時間內不履行義務須處之以過怠金過怠金爲行政法上之制裁非若刑法上之罰金也故義務者不繳納過怠金時不得依刑法總則易科之規定須依國稅徵收法強制徵收其財產（行政執行法第五條）若義務者已受執行罰之處分猶不履行其義務時國家以實力抑制義務者之自由強制其作爲或不作爲是謂之直接強制處分

第二項　私法上之制裁

私法上之制裁者國家因私人之請求對於違反法律者所加之不利益也私法上之制裁又謂之民事制裁今分別說明如左

一　損害賠償

因故意或過失侵他人之權利而不法者於因侵害而生之損害負賠償之義務（民法草案第九百四十五條）此之謂不法行爲之制裁因不法行爲之結果侵害個人權利並危及社會之公益時加害者一方受民事制裁同時須受刑事制裁又債務人不履行債務或爲不完全之履行時對於債權人任損害賠償之責（民法草案第三百六十九條三百七十條一項）是損害賠償有時爲不法行爲之制裁有時爲債務遲延之制裁其原因固不同而其目的在回復損害發

生前之原狀也則一原狀回復爲事實上不可能故法律對於一切之損害悉以金錢計算使被害人取得一定之金錢以救濟之（民法草案第三百八十五條第九百六十條第九百六十條第九百七十一條參照）

二　無效

無效云者對於違法之行爲不附與法律上效果之謂也是之謂消極之制裁例如從賭博所生金錢債權之請求加强暴脅迫而爲金錢之借貸强迫對人而爲婚姻皆非法律所能認其存在之行爲也

三　撤銷

撤銷云者違法行爲依有撤銷權者之撤銷而失其效力之謂也是亦消極制裁之一種至何人有撤銷權對於何種行爲得加以撤銷從各律中之所規定茲不贅可撤銷之行爲在實行撤銷前仍保有其効力

四　直接履行

不依損害賠償之方法而使義務人履行被拘束之義務是謂之直接履行直接履行多由於債

王澈

務性質不得依損害賠償以爲救濟者例如某俳優約定演劇而違約不能以金錢代償是

五　禁令

禁令云者審判廳對於違法行爲以命令預防禁止或廢止變更之謂也例如占有人之占有有被妨害之處者得請求豫防其妨害（民法草案第一千三百〇一條）占有既被妨害得請求除去之（民法草案第一千二百九十九條）又建築工作物不遵守一定之距離而違反法律之規定者土地所有人得請求廢止或變更其建築是也（民法草案第九百九十五條及第九百九十六條參照）

六　利益之返還

占有人之占有初侵奪時得請求其返還占有物（民法草案第一千二百九十七條）無法律上之原因因他人之給付或其他方法受利益致他人損失者負歸還其利益之義務（民法草案第九百二十九條）是亦因不法行爲不當利得而受利益者爲法律所不許令其返還斯制裁之道也

七　人格之剝奪

剝奪自然人之人格今世無之惟法人受解散之命令而解散者是即所謂人格之剝奪

私法上之制裁爲國家對於違法者所加不利益故被害人須依訴訟手續請求國家之保護不得愬諸自己之實力以行德意志民法所認自助權英國法所認取戻權我民法草案絕對無之

第十三章　法律之內容

關於法律之外形已詳述且盡而其內容實質亦不可不加以說明故本章特標而出之

國家爲維持吾人人類共同生存規定生活關係之規則邑之法律稱此法律所規定之生活關係曰法律關係是法律關係云者乃法律所規定人格者相互之關係之謂也法律一方定吾人得爲一定行爲之範圍同時於他方規定不可爲與不可不爲之範圍一定之範圍內得爲一定之行爲者卽法律承認吾人行爲之自由而予以保護者也於此保護之下所爲之行爲謂之權利於此不可爲與不可不爲之範圍內嚴守制限謂之自由之拘束稱此拘束曰義務是法律關係乃權利義務之關係法律以規定權利義務關係爲內容則謂法律爲權利義務之規則也可

權利義務爲對立之關係有權利必有義務有義務而無權利者實亘古所未見也古代法律以義務爲主權利不過其間接之規定故關於債權債務關係之規則稱之爲債務法近世法律則以權

利爲本位以權利爲本位是法律之內容實質與其謂爲權利義務何如獨稱之爲權利較爲適宜

如上所言法律之內容即權利規定權利者卽法律是權利與法律有不可相離之關係離權利則無法律舍法律亦無權利之可言古代諸國關於權利與法律嘗以同一言語表彰（例如拉丁語之Jus法蘭西語之Droit德意志語之Recht意大利語之Diritto）者職是故也

法律與權利雖本同一之觀念然示以同一之文字不僅毫無實益且徒滋混雜故不若分別其名稱而用之惟是權利與法律有不可相離之關係自主觀的具體的觀察則爲權利自客觀的一般的觀察則爲法律法律之學卽權利之學是則不可不知也

第十四章　法律上之權利

第一節　權利之性質

權利爲法律之製造物無法律則無權利之可言彼自然之權利以及天賦人權利所謂法律上之權利也關於法律上之權利自來有種種學說今擇其重要者臚列如左

第一　本分說　權利者所以盡人之本分之道自法學派所盛唱者也其說曰人爲萬物之靈對於禽獸草木對於已身對於他人莫不各有本分盡對人之本分斯卽所謂權利如父母對於其

王潄蘋

子盡敎養之本分而有親權者是其適例此說以權利存在不俟法律創定之一點爲法律學根本上之誤謬且本分云云不外今之所謂義務盡本分即義務之履行以義務爲權利其何以明權利之眞意乎

第二　自由說　法律所以保障人之自由故吾人於法律範圍內所享有之自由是即權利此說以自由爲權利殊失廣漠信如彼言則是飮食起居之自由亦將稱爲權利乎且保障吾人自由之權利除公法上所謂人權以及私法上所謂身體之自由權外均不以自由爲權利之內容若是則據自由而說明一切之權利不待智者而知其不然也

第三　能力說　權利之要素爲能力爲法律上之而非實力中世學者之所唱道者也是說僅論權利之外形而不能說明權利之本體故亦未見其可

第四　意思說　權利本乎意思離意思權利則不能存在故權利爲意思之力此說本意思而立論固矣惟是以意思之力卽爲權利於幼年人精神病人之能享有權利不得說明況吾人意思之力不能謂其悉爲權利乎

第五　利益說　權利爲法律所保護之利益德儒耶林氏所主張者也法律保護云云不外依訴

訟請求國家司法權之保護而已是權利之特質所以異於其他利益者亦卽在此

利益說能說明權利之目的故歐美學界爲之風靡然以權利之目的（卽利益）與權利自體相混是其缺點彼謂法律保護之利益爲權利是則制定工場法保護勞動者之利益亦得稱爲權利之創設乎

第六　析衷說　能力說意思說利益說皆能揭破權利部分之眞理而未得窺其全豹不知權利乃法律上所認意思之力同時以法律所保護利益爲目的之意思之力合能力意思利益爲一鑪而冶之此近世最新之學說也余輩亦以此說爲正確故本此意義說明如左

權利云者關於生活關係一定之利益爲人格者所得享有法律上之力也今分析此定義揭其要旨而一一言之

（一）權利者法律上之力也　權利爲法律所認意思之力非吾人所有自然之意思力也法律上之力與事實上之實力有異與國家之權力亦有異詳言之卽不問權利者之有意思上實力與否由法律附與此力而權利卽存在此幼年人胎兒以及無形之法人亦得爲權利之主體也權利既由法律所附與故必依賴國家權力之保護非如國家權力自有強制力也若是

王漱蘋

則對於權利之侵害者須請求國家行使權力故曰權利者法律上之力也

（二）權利者得享有一定利益之法律上之力也　得一定之利益使之滿足其慾望爲權利之目的茲所謂利益者不以金錢爲限凡物質的精神足以爲吾人生活之資料者皆是或曰權利以利益爲目的則是謂之曰權必有利益之存在債務超過繼承財產承繼人蒙不利益之場合繼承權猶不失爲權利乎曰然繼承不僅以財產爲限財產以外之利益統屬於繼承權是亦以利益爲目的也

當注意者即權利以利益爲目的乃專指一定之利益而言非以漠然無定一般的利益爲目的也例如所有權以一定物之支配爲目的債權以一定行爲或不行爲爲目的是

（三）權利者關於生活關係一定之利益爲人格者所得享有法律上之力也關於生活關係一定之利益爲人格者所得享有法律上之力曰權利是權利爲對於他人之權利權利人之外必須有義務人之對立自不待言

權利必有權利之主體自然人得爲權利之主體者因法律認定其有人格故也如是則人格亦同乎權　非經法律認定不可法律有不認自然人爲人格者有非自然人而亦認其爲人

格者前者如古代法律所認奴隷之制度後者如近世法律所認法人是也

權利爲法律上意思之力是自然人之能享有權利固甚明瞭至法人既無形體無自然的意思不過法律認其爲有人格得享有權利而已謂其有意思之力毋乃近於牽强乎曰否法人本不有自然的意思因自然人之自然的意思而有法律上之意思自法律上意思之一點觀之與自然人毫無少異此所以稱權利爲人格者關於生活關係一定之利益所得享有之法律上之力也

第二節　權利之種類

權利得區分爲種種舉示如左

第一　主權利從權利

主權利云者獨立存在之權利從權利者附隨於他權利而存在之權利也前者如債權是後者如質權是主權利消滅從權利亦隨之從權利消滅而主權利不因之受其影響

第二　公權私權

（一）公權者國民所享有之權利私權者人類所可得享有者也關於公權私權區別之標準學說紛

如今擇其重要者一述之

（一）規定於公法上之權利爲公權規定於私法上之權利爲私權此說以公法私法爲區別公權私權之標準驟觀之似乎近理實則未爲正確彼憲法公法也其中所規定人民有保有財產自由之權利不得侵入家宅之權利安見公法中不有私權利之規定乎

（二）公權云者定國家與人民關係之權利之謂私權者定人民相互關係之權利也雖然人民與國家之關係關於私權者有之人民相互間之關係關於公權者尤復不少顧安得稱爲正確區別之標準乎

（三）關於公益之權利爲公權關於私益之權利爲私權此說以公益私益爲區別私權公權之標準然何者爲關於公益之權利何者謂之關於私益之權利殊欠明瞭

上列三說皆不得其正鵠余以爲直接有關於國家秩序之事項國家對於人民所與之權利曰公權否則私權

第三　對人權對世權

對人權者對於特定人之權利例如賣主對於買主有受對價之權利是對利權者對於一般人

所得主張之權利也如使人不侵害己之所有權是

第四 普通權特別權

普通權者依一般法律所與之權利也特別權者依特別法律對於特種人所與之權利也前者如人人有使他人不害自己生命之權利後者如對於有特別身分之人非履行一定之手續不得逮捕是也

第五 個別權共同權

個別權云者權利屬於一人之謂如書一冊爲某人所獨有是共同權云者對於一個目的物而多數人有權利之謂也例如甲乙丙三人於一所房屋之上共同而有權利是

第三節 權利之主體

權利之主體何曰人也何謂人從何時始得謂之人在何處可得爲人均屬權利主體根本上之問題爲吾輩所不可不深加研究者也

所謂人者指自然人與法人而言法人者從人之集合或物之集合所成社會上之組織體得爲權利之主體者也至自然人之爲何則爲人類學上之問題非法學範圍內所當研究者故人類學上

王儆藏

所認之人卽法律上之自然人

今進而論何時始得爲人之問題徵諸羅馬古代法律則以自母體分離(卽出生)出生後生存非怪物爲人之三大要件以出生爲自然人之要件是出生前之胎兒不得謂之爲人當毋待贅然法律關於特種事項有例外之規定視胎兒爲既生而畀以人之權利者如胎兒有請求損害賠償之權「民法草案第九百七十一條」胎兒有繼承之權「民法草案第一千四百六十一條」是也出生後以生存爲限不獨羅馬法爲然普魯士澳大利等之法律亦有出生後發聲啓目之規定是亦以出生後生存爲自然人之要件也

其次則以非怪物爲要件然非怪物不得悉謂之人故非怪物云者人而非怪物之謂非人亦不得爲權利之主體也

關於何處可得爲人之問題係專就法人而言之耳何則奴隸制度廢止之今日自然人無往而不可爲權利之主體也

法人乃人之集或物之集合從法律規定承認其爲權利之主體前已言之惟是須具備如何要件始得認爲法人則依各國之法律而有異故甲國所認許之法人乙國有不認許其存在者

人有法律上能力能力者得享有權利行使權利之法律上之資格也分能力而爲二(一)權利能力(二)行爲能力前者得爲權利或義務主體法律上之資格之謂後者則指因其行爲而有取得權利或負擔義務之能力而言也自然人有權利能力自完全出生時始至行爲能力則依生理上之關係以及其他狀況有受制限者法人於法令限制內有享受權利負担義務之能力(民法草案第六十一條)自其依法令或規條設置必要之機關時起有行爲能力(民法草案第六十一條)人有內國人與外國人之別內國人者我民國元年所公布之國籍法規定中國人民之要件者是也凡不屬於中華民國之人皆稱之爲外國人我國籍法規定爲中國人之原因如左

第一　因出生而爲中國人

第二　因歸化而爲中國人

第三　因婚姻而有中國人

第四　因爲中國人取得外國之國籍者因國籍之回復而爲中國人

第五　因養子而爲中國人

第六　因認知而爲中國人

第七　外國人之妻隨同其夫而爲中國人
第八　外國人之子因其父母爲中國人隨之而爲中國人但依其本國法以未成年爲限

因出生而爲中國人前既言之矣因歸化而爲中國人者卽外國人以自己之志願而取得中華民國之國籍之謂也外國人歸化中國須得內務部之許可並須具備一定之要件要件有五(一)繼續五年以上在中國有住所者(二)年滿二十以上依中國法及其本國法爲有能力者(三)品行端正者(四)有相當之財產或藝能足以自立者(五)本無國籍或因取得中華民國國籍即喪失其本國國籍者是也(國籍法第四條參照)

因婚姻而爲中國人者外國女子與中國男子爲婚姻而爲中國人是也中國女子與外國男子爲婚女子從其夫而爲外國人該外國人不因婚　之結果而爲中國人

原屬中國人取得外國國籍因國籍之回復而爲中國人者得別之爲二(一)與外國人爲婚取得外國國籍者因婚姻關係消滅後在中國有住所並具備一定之條件時經內務部之許可得回復中華民國國籍(二)依自己之志願以及從父母從夫喪失中國國籍而爲外國人者旣於中國有住所並具備一定之條件時經內務部之許可回復中華民國國籍是也（國籍法第十七條第十

八條參照）

因養子而取得中華民國國籍自毋須加以特別之說明

因認知而爲中國人者即其父或母爲中國人以外國未成年之子認爲自己之子而爲中國人之謂也但未成年者以非外國人之妻爲條件否則對於外國人加以認知有使夫妻生國籍相異之結果也

外國人之妻隨同其夫而爲中國人以及外國人之未成年子因其父母爲中國人隨之而亦爲中國人者無他即所以防止國籍有異其間有權利義務衝突之發生是以爾爾也

內國人與外國人有區別之必要者以其權利義務有差等故也然所謂差等係就一般之權利義務而言私權不包含之

第四節　權利之客體

權利之客體云者物之謂也物也者即我民法草案第一百六十六條所稱有體物是也今舉示其種類如左

第一　動產不動產

凡物不變其形質本體得易其所在地者曰動產反是則爲不動產前者如筆墨書籍等是後者如土地房屋是也

第二　融通物不融通物

融通物者爲交易之目的物不融通物云者不得爲交易目的物之謂也後者如月日星辰以及禁物等皆是前者如酒米筆墨等是也

第三　主物從物

主物者獨立可供使用之物從物者附隨於他物始得全其效用者也例如表爲主品表鏈即其從物也又屬於一部分而不有主從之關係者則不得目之爲從物如桌櫃中之抽屜也

第四　代替物不代替物

以同性質同種類同數量之物爲目的物者曰代替物反是則爲不代替物前者如米一石酒一斗是後者如祖先之系圖名將之甲胄是也代替物亦名不特定物不代替物亦名特定物

第五　可分物不可分物

取其一部而該物仍可獨立存在者曰可分物如布帛是因分割而失其物之本質或減殺其價

格者曰不可分物如牛馬衣服是

第六　消費物不消費物

經一次之使用其物即因之消滅或變形者曰消費物反是爲不消費物前者如魚鳥菓物煙草是後者如家屋船舶是

第七　有體物無體物

有體物者物之存於空間可得以人之視官接觸者也無體物則反是燈台爲有體物煤氣電氣是爲無體物也

第八　有主物無主物

隷屬於人之權利支配下之物謂之有主物而不然者曰無主物無主物得變爲有主物例如飛翔於空中之鳥游泳於水中之魚本屬無主物因人之捕獲而爲有主物是

第十五章　法律上之義務

有權利必有義務是義務爲服從權利之強制自不待言然獨立加以觀察則義務之定義如左

義務云者受法律之強制而負行爲或不行爲之責任之謂也

王漱蘋

今分析此定義而說明之

第一　義務者責任也

責任云者非規則之謂謂其必當服從規則者也詳言之則從規則之禁令爲所當爲不爲其所不當爲此義務所以爲責任也

第二　義務者行爲或不行爲之責任也

行爲者指積極的作爲而言不行爲云者消極的不作爲之謂也前者如繪畫是後者如不奏音樂是義務爲作爲或不作爲之責任故云

第三　義務者受法律之强制而負行爲或不行爲之責任也

義務一語極其廣汎宗教上之義務道德上之義務社會上之義務舉凡率由規則所負行爲不行爲之責任者莫非義務而法律上義務不同在依國家之强制力得强行之之一點故曰義務者受法律之强制所負行爲或不行爲之責任也

義務有積極義務消極義務第一義務第二義務之分積極義務者行爲之義務也如物之賣主對於買主有交付物之義務買主有支付對價之義務是消極義務云者不行爲義務之謂如不得侵

害人之所有權是也第一義務即不侵害他人權利之義務第二義務由侵害他人之權利而始發生者也

法學通論終

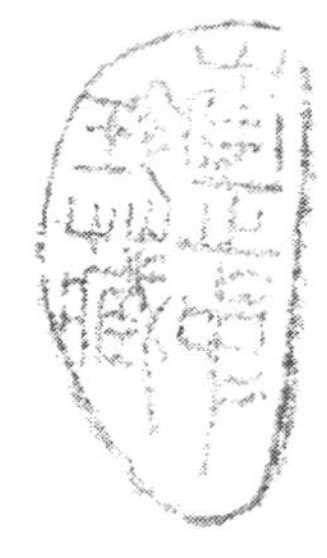

平時國際公法目錄

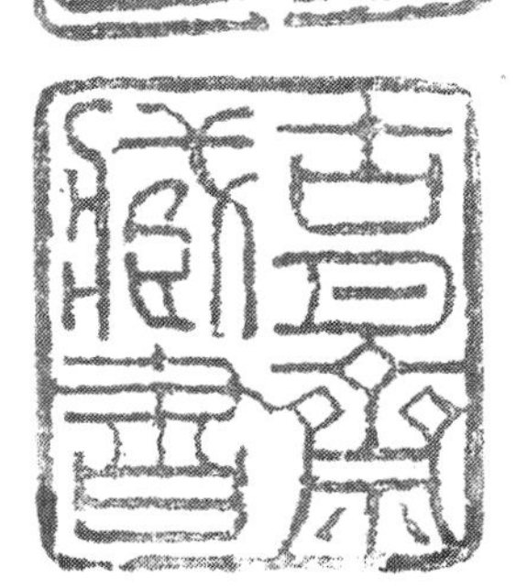

丁性存

丁性存

丁性存

丁性存

平時國際公法目錄終

平時國際公法講義

第一編 總論

第一章 我國對於國際法之觀念

歐西學者輒以國際法爲歐洲所專有故以爲惟歐洲諸國或耶穌教諸國可以適用（註一）不知吾中國有國際法之觀念實先於歐洲也欲知國際法之觀念何自而發達則不可不一究國際法所以成立之原因

西諺有云有社會斯有法律國與國相集而成一國際團體之大社會斯不可無法其法維何國際法是已國際法之所以成立有二大基礎（一）各國家之獨立平等（二）國際間之互相交際是也上古之世國與國不相往來且恒俯視他國獨立平等之觀念無從確定故國際法亦無從而發生徵之希臘羅馬蓋可知矣（註二）我國古昔亦與希臘羅馬同此觀念無庸諱飾然自周室分封以來列國並峙往來交際悉有成規已有與今日之國際法相符合者美人丁韙良 Martin 亦謂中國公法早寓於封建之始而顯著於春秋之世可知中國有國際法之觀念距羅馬萬民法

Jus Gentium 成立二百年前已具胚胎也此徵之記載斑斑可考非好爲夸誕附會之詞也（註三）

自秦以降廢封建而謀一統由同種族之結合進而爲異種族之交通及唐而益繁盛若日本若印度若波斯無不霑濡中國之文敎此數國者其勢力文化莫能與吾國相敵而其他海外諸國又未與吾國交通故國際法之進步因是而停滯至明清之交忽變而爲中西交通時代至最近百年更變而爲外力壓迫時代國際狀態錯雜糾紛於是國際法之 觀念應時代之需 要勃然發生莫知所止

考吾國與歐西各國之交通最早者爲葡萄牙（明嘉靖十四年）其後各國接踵而至圖握商權若和蘭若西班牙若英若俄皆遣使要求通商（清順治十三年至康熙二十八年）由是而與各國締結條約（始於清康熙二十八年）授受公使（常駐公使始於清咸豐十年）中國之形式上列入國際團體可斷自此始自入國際團體以來國際法中固有之準則各國之互相率循者我國無不從而踐履之若條約若法令與國際法之原則靡不符合

甲　條約

丁性存

一　適用國際平等主義　如中英條約（清咸豐八年）第三欵載英自主之邦與中國平等第五十三欵載各式公文有敍英國官民等者不得提書夷字是也

二　公使乃領事之優遇　如我國與各國所訂通商條約所載接待公使及領事之禮節是也至於公使應有之特權非必一一載於約章凡國際法所通行者中國無不遵守

三　通商航海之自由　締約通商始於中俄尼布楚條約（清康熙二十八年）然此僅限於邊界貿易海口通商自中英江寧條約爲始（清道光二十二年）

四　外人居住往來之自由　如我國與各國所訂通商條約准外國人民持照往內地各處遊歷通商是也

五　外人傳布宗教之自由　如中英條約（咸豐八年）第八欵是也

六　通商口岸外人有租借地畝建設房屋貨棧禮拜堂醫院墳墓之權利　如中英條約（咸豐八年）第十一欵是也

七　保護外國人民之生命財產　如中英條約（咸豐八年）第十八欵是也

乙　法令

一　凡國際法上享有治外法權者從國際成例免除中國法權之管轄　如刑律第八條是也

二　內國暴動不得違背國際成例　如刑律第一百〇五條是也

三　內國人民對於戰時同盟國有不利益之行爲者亦處以外患罪　如刑律第一百十七條是也

四　以外國元首及公使之身體名譽財產爲不可侵　如刑律第一百十八條至第一百二十四條是也

五　以外國之國旗及其他國章爲不可侵　如刑律第一百二十六條是也

六　國際敬禮　如海軍禮砲條例海軍旗章條例（民國元年十月公布）是也

七　戰時確守國際法規慣例　如民國六年八月十四日大總統以明令聲明我國已與德國奧國立於戰爭之地位一切事宜查照國際公法慣例辦理又是年八月二十八日海軍部令聲明所有關於戰時海上事件參照一千九百九年倫敦宣言及現行戰爭中國際實例處置及其他關於處理俘虜處置敵國人民等規則海上捕獲條例是也

八　確定戰時中立法規　如刑律第一百二十八條及俄日戰爭歐洲戰爭時我國所頒之局外中立條例是也

九　外國人在私法上與內國人享有同等之權利　如民律草案第四條及第八十二條至第八十四條是也

十　外國人有私法上之請求權　如民事訴訟條例（民國十年）第五十二條（當事人能力）第五十六條（訴訟能力）第一百二十三條（訴訟擔保）第一百三十一條（訴訟救助）是也

十一　外國人有取得中國國籍之權利　如中國國籍法第二章是也

綜觀以上所述中國國際法之觀念不可謂不發達究其原因極爲複雜然最近之主要原因約有兩種

一　平和之希望　國際法之發達爲人類希望平和之結果近時各國鼓吹平和不遺餘力於是有紅十字會有海牙平和會最近又有國際聯盟皆足以代表平和之精神世界各國中富於平和之精神者莫我國若故對於以維持平和爲目的之國際大會靡不遣使加盟所有條

約宣言亦次第見諸施行

二　政體之革新　世界一統主義爲國際法所不許苟採此主義則世界各國國民之權利奚從平等亦無所謂國際法夫以我國昔日之政體言之向襲君主國家思想主義每自高其位置而不屑與他國爲伍故於國際法之主義動多扞格今則掃除數千年專制之惡習而採用共和政體國民思想之變遷一日千里以是近時國內法令凡關於外國人民之權利者皆取內外平等主義以求同享文明之幸福此實於國際法之進步大有影響者也

考諸既往吾國國際法之觀念既如是其發達自足與國際團體中諸文明國立於對等之地位歐西學者乃謂國際法非中國所能適用殆不明我國歷史者之言也

第二章　國際法之意義及名稱

國與國交際而有行爲以有行爲而有規則此規則爲文明諸國所承認是謂之國際法

今就此意義更析言之

第一　國與國交際而有行爲此行爲之規則曰國際法

國家立一規則而自遵之或使其國民及在國內之外國人遵之是國內法而非國際法也國際

法者國家與國家之行爲所遵奉之規則也國家行爲之規則不但直接關係於兩國政府又有因他國人民或其財產而規定國家間之權利義務者然其權利義務之當事者爲國家非個人故亦爲國際法（註四）

又如交戰團體對於承認之國家在戰時法適用範圍以內與國家享有同一之權利義務此因維持國際社會之秩序減少戰爭之慘禍於是使之適用國際法之規則故曰國際法者國與國之行爲所守之規則也又如歐洲諸國所設之亞非利加諸公司及英國之東印度公司所享之權利義務雖等於國家然係據其本國法令行使本國政府所與之權限爲國家之一種關係自不得爲國際上權利義務之主體（註五）

第二　文明諸國間之行爲所奉爲規則者曰國際法

國際法爲支配國家行爲之規則然非一切國家可以適用蓋國際法之所以成立其目的在確定國家間權利義務之關係維持國際社會之秩序俾得滿足國際共同之生活故不能爲共同生活之國家不能適用國際法適用國際法之國家以適於爲國際共同生活之文明國爲限

如何之國家爲文明國學者之議論不一諸或以耶教國爲限以歐羅巴爲限要皆一偏之見國

之文明與否當視其文物制度之狀態及其人民之思想以爲斷而不能囿於宗教地域也(註六)

第三　經文明國承認之規則曰國際法

國家各自獨立無超乎國家之上而有優異之權力者故不能對於國家以命令之形式設定法律此自然之理也是以國家間之規則必經國家相互合意而制定之國際法爲屬於國際團體之國家相互行爲之規則故不可不經諸國之承認承認云者謂經國家表示意思願受此種規則之支配而規定權利義務之關係是也承認之方法有二

一　因條約或宣言承認者謂之明示承認例如紅十字條約及一八五六年關於海上法要義之巴黎宣言其初不過爲數國間之條約其後世界各國多數承認其內容即可稱爲國際法又如第二次萬國平和會議所決定之各種條約凡可認爲適於爲國際共同生活之國家亦皆加盟故亦可稱爲國際法

二　非有成文規定但實際上爲習慣所通行者謂之默示承認

茲有須於此附言者卽國際法名稱之沿革是也昔歐洲學者以國際法之原因導源於羅馬法於

丁性存

於是稱之曰萬民法 Law of nations（即拉丁語之 Jus gentium ）研究斯法之鼻祖格魯鳩 Hugo Grotius 於一六二五年發表關於國際法之著作亦冠以萬民法Jus gentium之名稱然羅萬民法本爲羅馬國內法之一部與羅馬之國民法 Jus civile 相對立者也國民法爲支配羅馬人之法律萬民法則支配在羅馬之外國人與羅馬人或在羅馬之外國人與外國人之關係故仍爲羅馬之國內法而非規定國家與國家之關係也十七世紀英國學理蘇斯 Richard Zouch 稱之曰國家間法 Jus inter gentes 至十八世紀英國學者邊沁 Bentham 改稱之曰國際法 international Law 其名稱由是確定我國嘗譯爲萬國公法日人亦襲用之（即本於拉丁語之 Jus gentium 英語之 Law of nations 法語 Droit des gens 德語之 Volkerrecht ） 循名核實殊未安洽日人始改稱曰國際法 International Law 今從之

國際法以外有關於各國處理外人私權所生法律之抵觸其性質爲國內法而非國際法而稱曰法律之抵觸 Conflict of Laws 一八〇五年德人薛非拉改稱曰國際私法 International privat Recht 於是將從來所稱之國際法改稱爲國際公法 International Public Law（法語 Droit international public 德語 Das international offentliche Recht）其理由在以國內法既有公

私之別國際法亦不可無公私之異然國際私法之名稱是否適當學者頗有異論以非屬於本編所應行研究之範圍故不具論

第三章　國際法之性質

國際法爲法律乎抑非法律乎此學者所聚訟者也誠舉其要領如左

第一　國際法非法律說

韋頓 wheato 曰無法律則無權利無主權者則無法律法律爲主權者所出之命令有制裁力者也各國間安有主權者存在其彼此所負之義務不外條約習慣之結果可非謂爲法律

爾諾 Renault 曰法律之要件有三（一）制定規則之權力（二）適用規則之權力（三）執行決定之權力是也故法律者惟有最高主權之一國以內得以存在國家與國家各有獨立之主權彼此平等法律安得而存在設有二國紛爭卽有規則可據以判斷孰適用之有侵害其權力者孰救濟之是三要素皆未具備也焉得謂之爲法律

如上所云皆以法律爲主權者之命令有強制力者也國際法不具此種要件故非法律

第二　國際法爲法律說

丁性存

持此說者又分二派

一　自然法說　法律先國家而存在非人所創製國家之制爲法典不過宣布之而已非創製也猶圓之半徑非自繪畫圓周之軌迹而始有之支配人類行爲之規則非因有立法者而始存在各國未有成文法以前卽有本於習慣之法律此種習慣國際間亦時有之故當名之爲法律此自然法派之說也

二　制定法說　持此說者又分數派

甲，國際法有立法者及審判者說

國際法未進步故專依習慣無國際法典然如國際大會之決議固具備制定法律之形式者也國際大會之所決定者非獨條約當事國奉爲準則凡國家交際時所有之行爲必以此爲依歸如一八一五年維納公會所議國際河川及使臣權限之事一八五六年巴黎宣言所議海上法要義一八六四年日來弗條約所議待遇傷病兵士之法非其明證乎此伯倫智里 Bluntschli 之說也又如特維士 Davis 則以國際公斷法院爲關係國際法之審判機關倍根 Bacon 則以戰爭爲最後之判決

乙　國際法亦有制裁說

法律之制裁非必如奧士丁 Austin 之所言出於最高主權者之命令凡違反規則者所加之損害皆得加以制裁故國際法亦有制裁但其制裁有與法律同一者又有以輿論爲强制力者此羅命司 Lawrence 之說也

丙　法律非必有擔保說

如赫胥黎 Hexley 則謂法律係規定國家執行職務之程式非以制裁爲必要又有謂法律與法律之担保非一致者法律之無擔保者甚多不獨私法如是而已公法亦然試以憲法言之在立憲政體元首有遵守憲法之義務若元首有違反憲法者將如何制裁之乎然亦不得因是而謂憲法非法律也

第三　前二說之評論

國際法爲法律抑非法律不外就法律之文字爲議論而已主張非法律者皆本於奧士丁之說謂法律爲主權者之命令有制裁力者也以國際法爲自然法之一派其根本之觀念與奧士丁之說相異故其解釋法律二字不必如奧氏所云而認爲制定法者則仍執奧氏之語蓋以觀念

之點不同故其結論大異

奧氏謂法律須有強制力於是制定法派爲之說曰國際公斷法院即國際間之審判機關也然國際公斷法院不過爲國際間之道德或條約之結果其說之不當可知或又爲之說曰戰爭者最後之判決也然戰爭之勝負以實力之強弱爲衡且援事實以論法律又何足以破奧氏之論其他有以輿論爲制裁者又有以國勢平安爲制裁者皆不外曲爲附會以求抵奧氏之隙以上諸說皆以奧氏之語爲前提愈辨而愈無以自解故欲辨明國際法爲法律則當先推倒奧氏之說法律之意義果如奧氏之所言乎不合於奧氏之言者果絕對不能謂之爲法律乎此尚待討論者也

奧氏所陳法之意義揆諸近世發達之國內法固屬適當然猶未能絕對謂之完全法律者由權利義務之觀念而發生因是而定爲法律以爲行爲之標準其規則隨社會之狀態時勢之進化時有變遷故現今各國所認爲行爲之規則凡可以爲權利義務之標準者即可稱爲法律矧其關係又與道德禮讓不同凡違反之者即可發生要求救濟之權利今日之國際法實具此種觀念以支配國家間之關係爲國家行爲之標準故國際法亦法律也

丁性存

第四章　國際法之淵源

何者爲國際法之淵源學說不一今就多數學者所認爲國際法之淵源者列舉如左

一　條約

條約之性質內容不一不何種條約可爲國際法之淵源當分別論之

甲　以條約認爲國際法之原則者

例如一八七一年倫敦條約載明條約一經締結非經他方之承諾不能免除條約上之義務是也

乙　所締條約雖與現行國際法不符而締約當事國間已經實行且希望將來爲各國所採用者

如各國以條約規定戰時禁制品海上拿捕方法禁止奴隸貿易領事之職務特權此種條約之原則漸爲各國採用即爲國際法之原則

丙　專以利益交換爲目的之條約

此種條約專顧目前之利害時有變更非可爲確定之法則可爲國際法之淵源者甚稀

二　習慣

支配國際行爲之規則有明示者有默示者各國政府人民所遵行之習慣卽默示者也此與明示之條約有同一之效力習慣之中適應文明之程度足以支配國際關係者尤以戰時之慣例爲多

習慣發生於自然故能公平而適合於時勢其利一也行之無間自爲各國所承認其利二也隨社會之進步發達時有變遷能適合於必要故不必待立法者之改良修正其利三也惟習慣之存在及認習慣爲法律之時期在國內法上議論頗多在國際法上則尤爲困難

三　國內法

一國之法律其效力不能及於國土以外此原則也然其規定有適於正義人道應乎時勢之必要者他國必模仿之或訂爲條約或成爲習慣日久卽成國際法例如憲法行政法中關於宣戰媾和締結條約任命公使移住殖民河海航行漁業關稅郵政電報及海上捕獲等之規定刑事法中如關於刑事裁判之管轄罪人之執交奴隸買賣之禁止等之規定民事法中關於外國人之能力身分所有權之規定及船舶海商之規則與列國共同之利害感情有重大之關係以是

丁性存

次第改良　互相接近遂設定　國際法他如對於內國官吏所下之命令亦可包含於國內法之中

四　判決例

甲　普通法庭之判決

法庭所下之判決關於公法私法之問題與數國之法律有關而合乎正義人道者亦得爲國際法之淵源惟其事不多故無重要之價值

乙　捕獲審判廳之判決

捕獲審判廳爲一國之機關專從國際法之原則審理海上捕獲事件故其判決足以爲戰時國際法之淵源者頗多然捕獲審判廳之法官爲審判廳所屬國人民易爲政策所左右其判決往往有不公平者近時第二次平和會議定有國際捕獲審判廳條約將來國際捕獲審判廳成立時其判決可爲國際法之淵源無疑

丙　海牙公斷法院之判決

海牙公斷法院以紛爭國所選定之法官組織成之據國際法之規則一般之觀念以審理國

國際紛爭故其判決爲國際法淵源之最有力者例如一八七二年阿拉帕馬事件 Alabama 經日來弗公斷法院之判決而局外中立之規則一變（註七）一八七五年豆拉果灣 Delagoa bay 事件經法國大總統梅克麥亨 macmahon 之裁判而先占之規則一變（註八）是也

五 學說

當十世紀時代學者之議論多爲國際法之淵源如和蘭之格魯秋 Hugo Grotius 其最著者也近世以來立法事業雖移屬於政治家及裁判官而學說亦大有影響於國際行爲一經各國之承認卽得爲國際法故可爲國際法之淵源關於國際法之學會有二一曰萬國國際法學會 Institut de droit international 二曰萬國國際法協會 Association of Internationallaw 此等學者之決議多爲列國所重亦國際法淵源中之重要者

註一 美之學者曰國際法者耶穌國間行爲之規則也又 Davis 所著國際法中有言曰新約中耶穌教之教理可作爲國際間行爲之規則而遵行之且可藉是以判斷各國行爲之正當與否又曰完全之國際法唯歐洲耶穌教國及亞美利加其他歐洲耶穌教人民之殖民國

可以適用以此等人民之歷史相同且其法律道德又彼此相同也近今適用國際法之範圍雖已擴張自一八五六年承認土耳其以來中國日本亦相繼入此範圍然此數國之適用國際法決不能如在歐洲之完全也他如義大利希臘之學者亦有此種議論

註二　希臘古代呼外國人爲 Barbarian 即蠻夷之謂也 Macedonia 公使嘗於 Aetolian 會議宣言曰野蠻人 Barbarina 與我希臘人當永久立於戰爭是可見賤視異族之一班矣羅馬十四銅表不認外國人有何等權利且稱外國人爲 Hostis Hostis 者敵之謂也羅馬共和時代又專以徵服他邦爲事欲以羅馬皇帝爲支配世界之主權者故其時決無國際法之觀念

註三　美人 Martin 曾爲同文館教習著有中國古代國際法歷引春秋戰爭之事以爲證譯亦見余所編丙午社國際法講義及日本高橋作衛平時國際法總論譚　浡宏所著國際法原論第六章又張心徵所著春秋國際法可供參考

註四　國際法以國家爲其主體故個人不能直接享有國際法上之權利義務例如國際法上對於海賊之處分此非海賊得享有國際法上之權利不過國家對於海賊須依國際法之處

分而已又如戰時輸送禁制品之中立人對於拿捕國雖得主張權利然此非交戰國與中立國人間直接之關係國際法所規定者乃交戰國與中立國之關係而已Westlake Lawrence等往往因是等關係遂謂個人亦可爲國際法上之主體其觀察未爲當也試再舉一例以說明之設有甲國人某至乙國旅行遇盜奪其財物於是被害者欲向乙國政府要求賠償此關係之當事者乃甲乙兩國政府甲國爲國際法上權利之主體故得因保護其所屬人民向乙國要求賠償以之授與被害者不得以此遂認爲個人爲國際法上權利義務之主體也

註五　英德各國在亞非利加之特許公司及英國之東印公司對於其在所轄地地方之土人立於主權者之地位握有立法行政司法締約媾和諸大權故有主張特許公司可以獲得主權而爲國際法上之主體者然由國內法上言之主權屬於國家此種特許公司不過爲國家之代表者決不能與國家有同一之權利更由國際法上言之設以私立公司取得土地即可爲國際法之主體則該公司一方服從甲國之主權同時又爲乙國之主權者是又理論上所不能容也

註六　westlake 論領事裁判權時常推論及文明之程度其言曰歐美各國有共同之文明若

土耳其波斯中國日本暹羅諸國其文明與歐洲諸國不同歐美人之旅行居住於此數國者往往自成爲一階級常覺依其地之法律不甚安全卽令其司法公正然因歐洲之文明所產生之利益決非其地之法律所能充足保護故歐美國人欲託庇於本國領事裁判權之下然領事之得以維持裁判權則全恃駐在國政府遵守條約與以援助凡能如此與以援助之國家必有强固之組織足以維持其秩序且其國人又能理解異類之文明凡達於此種程度之國家不可不認爲文明國惟其文明與歐洲之文明相異而已

註七　當美國南北戰爭時美國公使以南軍於一八六二年在英國利物浦所建築之船舶一Alabama 卽該船之名稱」係供軍用屢向英國政府警告英置之不理美乃俟該船出航時捕獲之南北戰爭終了此事成爲英美間之外交問題一八七二年經公斷之結果歸英敗訴訟賠償損失

註八　豆拉果灣在亞非利加本屬葡萄牙所有一八二五年爲英所占領英葡發生爭議經法總統公斷認英之主張爲未當蓋先占之土地不因暫時中斷而失其權利也

丁性存

第二編　國家

第一章　國家之觀念

國際法爲國家間行爲之規則。故不可不先明國家之觀念。學者或稱國家爲國際法之主體或稱爲國際法上之人。或稱爲國際法之當事者。然其用語未必盡當。故仍用國家二字以爲標題。

國家之觀念隨社會之進步。時有變遷。今就現在之國家。爲之下一定義如左。

凡占有一定之領域。統率於最高主權以下之人類政治團體。有永久性質者。是爲國家。

復就此定義析言如次。

第一　國家爲人類之政治團體

國家爲國際法上權利義務之主體。故不可不爲人類之團體。而其團體以有政治組織爲必要。故如游牧人種野蠻團體。不論其團結如何鞏固。皆不得謂之國家。國家既爲人類之政治團體。其人數之多少　在所不計。

第二　保有一定之領域

國家之存在。是否以領域爲要素。學者之議論不一。（註一）然就今日之國家觀之。無不有領域者國家而外。亦無有領域者。故領域實爲國家之特徵。惟領域之大小在所不問。

領域者爲國家之要素。故如羅馬教皇之教會區。非可謂之國家。蓋羅馬教皇之領域。當一八七〇年時。已爲意大利所合併矣。

第三　統率於最高主權之下

國家爲國際法上權利義務之主體。欲對於外國維持其獨立。則不可不有最高主權者統率其政治團體。不然。則無以增進其團體之利益。保護其獨立。故如英國之東印度公司在亞非利加之歐洲各國。特許公司在國家權力之下。受其監督者。皆不謂得一國家。

國家對於內則統率其人民。增進其權利利益。對於外則維持其獨立平等。故國家主權之上。無復有優等之權力。然因國力之強弱。有以條約或其他方法。制限一國行使主

權者　是仍無碍其爲國家。蓋一國固可以自由。意思抑制自已之權力者也。

第四　有永久存在之性質

具備以上三種要素。尙有未能認爲國家者。如交戰團體是也，就事實言之交戰團體非必敗亡。關家非必永久。然由法律之性質上觀之。國家非有特種消滅之原因發生。不失其存在。交戰團體則惟戰爭繼續中。認其存在而已。

第二章　國家在國際法上之性質

國家乃自主獨立者也。故在法律上爲平等。不論其領域之大小國力之强弱在國際法上享有同一之權利義務。學者因是稱爲國家之平等權。然此乃國家之性質上當然之結果。不必稱爲權利。國家之獨立平等。實爲國際團體中之一員所必要不可缺之條件　因是始可認爲具有國際法上之人格者。

國家在法律上爲平等　故不論用如何之稱號。皆屬自由。然在他國必有承認之義務。

又國家得設一定之旗章。以爲對於外部之表彰。各國在法律上爲平等　故不論用如何之旗章。悉屬自由。然已爲他國所採用者　卽不能重用。

國家在法律上爲平等。然事實上則有强弱大小貧富之殊。且當國家交際之時欲絕對實行平等。亦有所不能。故歐洲各國。往往因國家之席次而生爭議（註二）十九世紀維納會議欲決定國家之席次而未能達其目的。僅將公使之地位決定維納會議之最終議定書。即按照國名第一字之次序蓋印者。（註三）今日各國亦皆遵此慣例。以示敦睦。有違背此慣例者。他國。即認爲侮辱。至有以是爲戰爭開始之原因者。故各國皆以此爲國際禮讓莫不遵行。

又國家當交際之時。必有一定之禮節。各國在法律上固屬平等。然實際上則未盡然。故有種種之慣例。如加特力教諸國對於教皇之代表者待遇特優。享有王之榮譽 Royal honour之國家。對於無此榮譽之國家。占優等之地位是也。

法律上國家爲平等。當互相交際之時。欲保持自己之威嚴。不可不尊重他國之威嚴。學者或稱之爲相互尊重權。然此不必稱爲權利。蓋法律上平等之國家。爲共同生活之時。互相保持其尊嚴。爲事實上必要之條件。故因是發生各種國際禮儀。如待遇外國元首公使軍艦及軍隊之禮節。及承認其特殊之權利是也。

丁性存

國際禮儀中所恒見者。即為海上軍艦之禮式。如訪問交換。及在外國港灣參與國際儀式其禮式不一。然在今日最重要者為禮砲。各國慣例。已漸趨一致。

第三章 國家之種類

第一節 單純國與複雜國

由國家之結合上觀之。有單純複雜二種。凡完全享有主權。無論對內對外。皆單獨行使其主權者。謂之單純國。例如我國及日本法國是也。二個以上之國家共同戴一政府而結合者。或因特種之關係。而結合者謂之複雜國。其例如左

第一 君合國（人合國共君國） state of personal union 二個以上之國家同時奉一君主而統治者。是謂君合國。其性質為一時者。參考其合同之時期。每以君主之終身為限君合國。除君主共同而外。政治上皆分離獨立者也。故構成君合國之各國。在國際關係上。其人格不受何等之影響。君合國之各國。得各自締約君合國中之一國。苟與第三國發生敵對關係。其他之一國。可守局外中立。

君合國之例 一七一四年至一八三八年之英與哈諾弗。Hanover 一八一五年至一八九

○年和蘭與盧克聖堡。一八八五年至一九○八年比利時與孔果。是也。

第二　政合國（實合國物合國眞正共君國） state of real union 政合國之國家。其內政各自獨立。唯外交關係。則彼此共同。是謂政合國。

政合國之例如一八一五年至一九○五年之瑞典諾威。一八六六年至一九一八年之奧大利匈牙利是也。

第三　聯邦（Confedetrate State

二個以上之國家。因保護其共通之利益。維持彼此之獨立。互相結合爲一國而並無共通之最高主權存乎其上。唯據聯邦條約或其憲法所規定有行使對外主權之權限者。是謂聯邦。

聯邦之例如一八一五年至一八六六年之德意志聯邦及一六四八年至一八七四年之瑞士聯邦是也

第四　合衆國 Untted States

二個以上之國家。屬於一最高主權之下。設立共同之中央政府。作爲單一國家。處理外交關係者、是謂合衆國。

合衆國之例　如一八七四年以後之瑞士美利堅亞爾然丁墨西哥國等是也。歐戰以前之德意志其性質如何、學者頗有異論。蓋德意志皇帝對於各聯邦國有最高權。對於外國代表各聯邦國　得以宣戰講和締約遣使。（德國憲法第十條）由此觀之。可推定其爲合衆國。然德意志帝國與其各聯邦結有關稅同盟條約、且如聯邦中之巴威倫薩克遜則各有外交官外交總長、由此觀之、則又有聯邦之性質。此議論之所以紛歧也。自一九一八年德皇退位、改施共和政治。就德國憲法第四十五條（規定大總統於國際法上代表國家以國家之名義與外國締結同盟及其他條約授受公使）及第七十八條（規定外交事務專屬於中央）觀之。外交權悉秉於德意志共和國中央政府、又就德國憲法第六條（對外關係國際執交犯人兵役貨幣關稅郵政電信等立法權均屬於德意志中央政府）及第十三條（德意志國之法規效力勝於德意志各邦之法律）觀之、德意志共和國對於其他各邦。有最高主權。其爲合衆國而非聯邦國。當無疑義矣。

第二節　完全主權國與非完全主權國

由國家行使主權之點論之。有主權國。被保護國　隸屬國。三種。說明於左。

第二　主權國 Sovereign states

對於內外可以完全享有及行使主權之國家。曰主權國。其組織不論爲單純爲複雜。其政體無論爲君主爲共和。凡具備以上之性質者。皆爲主權國。

永久局外中立國 Permanently neutralized state 是否完全主權國。爲學者所聚訟。就永久局外中立國主權之內容言之。則有三種制限。（一）除受外國攻擊以外不爲戰爭。（二）不問平時戰時凡與外國戰爭之事件。皆不得干與。外國亦不得使之干與。（三）締盟國不得攻擊之。若受外國攻擊。且須加以保護。以維持其獨立由是言之。是其對外主權之一部。永久不能享有。亦不能行使也。然各國於永久中立國之上。皆非有優等之主權。亦無行使此等權利者。雖因條約之結果。致不能爲戰爭。而於主權國之性質。則仍無所損也。永久局外中立國之例如一八三一年至歐戰以前之比利時。一八六七年至歐戰以前之盧克森堡。一八一五年至今日之瑞士是也。（註四）

第二　被保護國 Protected State

丁性存

國家以主權之一部。委任外國行使。或因外國而受制限。同時受外國之保護者。謂之被保護國。保護國與被保護國之關係。本乎兩國所結之保護條約。有僅以被保護國對外主權之一部使保護國行使者。有併其內政亦干涉之者。例如法國之於安南。一九〇四年至一九一一年日本之於朝鮮是也。（註五）然被保護國非爲保護國之一部。故保護國之對外主權。與被保護國之行使對外主權。不可混同也。

第三　隸屬國 Vassal State

服從他國主權之國家曰隸屬國。故非獨立國對於隸屬國有最高主權之國。曰宗主國。隸屬國爲宗主國之一部。其對內對外之主權。惟宗主國得以享有行使　此原則也。隸屬國與被保護國其形式頗相似而其性質則有不同。（一）隸屬國爲宗主國之一部非獨立國。而被保護國則不失爲獨立國。（二）隸屬國非得宗主國之許可承認。不得行使何等主權被保護國則可享有主權。且保護條約未設制限之事項　。悉可自由行使。（註六）

第四章　國家之成分合消滅

第一節　國家之成立

第一欵　國家之發生

近時地球上之陸地。不屬於國家者甚少。故設立國家之原因。不外左列三種。

一　一國之一部。脫離母國。而創立獨立國。

二　一國分裂爲數國。

三　二國合併爲一新國。

國家之成立爲事實問題。而非法律問題。國家成立以後。非即爲國際團體之一員。對於列國非卽發生國際法上權利義務之關係也。此關係何以發生。則自國家之承認始。

第二欵　國家之承認

第一　承認之性質

國家有一定之要素。要素具備。卽爲成立。不論承認之有無也。故承認非國家成立之要素。所謂承認者。認爲獨立耶。抑不過以獨立之國家。認爲國際團體之一員耶。學者每以此二者。認而爲一。然國家雖已獨立非即爲國際團體之一員。故承認云者。謂國家旣具備享有國際法上權利義務之資格。卽認其爲國際團體之一員。承認國與被承認國之關係　卽因承認而爲國際法所支配也。易詞以言。創設國際法上權利義務之關係者。卽爲承認。承認者。卽創設國際法上之權利義務是也。

要之承認云者。不過對於旣存之國家。認爲國際團體之一員。而使之共守國際法上之權利義務　之一種意思表示耳。故國家因具備要素而成立。因承認而得受國際法之支配。

國家之承認雖與獨立之承認有異。然承認新立國之獨立同時卽可視爲承認其國家爲國際團體之一員。蓋旣承認新立國之獨立。卽是認此國家有可以加入國際團體之資格。

第二　承認之方式

國家之承認。其方式有明示者。有默示者。明示承認謂經列國會議。或宣言。而明示承認之意思者是也。默示承認。謂雖未經明示承認。而實際已與其國家設定國際關係。如締結條約。授受公使者是也。

第三　承認之條件

條件有二　一對於他國有互相履行國際法上義務之觀念　二有實行此觀念之能力。凡既存之國家。具備此等條件。卽可以承認。惟一國之一部。背其本國宣言獨立者若承認太早。易啟干涉他國內亂之嫌疑。且挑撥其母國之惡感。若承認太晚。又必致害新立國之感情。且永遠不能與之發生國際關係。故不可不有一定之標準。（註七）一般所通行之標準如左。

一　母國先承認時。第三國隨時可以承認。

二　母國對於分離之新立國。因謀恢復其權力。繼續戰爭若尙有可以恢復之希望者。第三國不得先母國而承認但若有影響於列國時。則得承認爲交戰團體而已。

第四　承認之效果

對於既成立之國家。使之爲國際團體之一員。互享國際法上之權利義務。謂之承認。故承認之效果卽受國際法之支配。是也。關於國家承認之效果須注意之事項。約有數端。

一　承認國與被承認國之間因承認而生國際法上權利義務之關係。

丁性存

承認之效果。僅及於當事者之間。此原則也。然若係經國際團體內多數或有力之數國承認。而發生權利義務之關係者。其權利義務。在他之第三國亦不可不尊重之。

二 承認不得取消

國家之承認。非認其國家之成立。乃認既成立之國家。爲國際團體之一員也。若取消承認。是被承認之國家。再被排斥於國際團體以外也。此非一國或數國所能出此。即出於國際團體之意思。亦有所不能。蓋既經承認之國家。對於列國有國際法上之權利。若以一方之意思消滅其權利。法律上固有所不能事實上亦有所不可也。(註八)

三 承認當無遡及力

獨立之承認當有遡及力。至於國家之承認。則不當有遡及力也。試言其故。以承認爲有遡及力者。係誤以國家之承認與國家獨立(或成立)之承認。混而爲一也夫獨立(或成立)之承認。是確認其獨立(或成立)之事實。故可遡及既往。(註九)

至國家之承認。則不過認其可爲國際團體之一員。其關係全屬於將來者也。

第二節　國家之分合

第一欵　分合之原因

之分合。其原因如左。領土人民。爲國家之要素。此種要素之一部。或爲他國所合併。或創設新國。是謂國家

一　一國之一部。爲他之一國或數國所併合時。

二　一國之全部。爲他之一國或數國所併合時。

三　一國之一部與其母國分離而創設國家時。

四　一國分裂。創設二國或數國時。

五　一國或數國合併。創立一國時。（註十）

第二欵　分合之效果

國家分合之效果。因分合之情形而不同。分別說明如下。

第一　一國之一部獨立或爲他國所併合時。

人民之國籍有四
(1)出生
(2)住所
(3)出生或有住所
(4)出生及有住所

丁性存

以原則言、新立國或併合國、對於喪失此一部領域之國）所有之權利義務、非有何等之關係。故其權利義務、不因分割而生變更、但其權利義務。與分割地之土地人民。有密切不可分離之關係者、新立國或併合國當繼承之、故有左之效果。

一　人民之國籍　一國之一部獨立。或割讓於他國其地之人民。即爲新立國或併合國之人民　此在歐洲中古時代。認爲不易之原則。蓋其時以人民爲土地之附屬物。故居住於土地上之人民、當與土地同時移轉。迨十八世紀以後。各國之割讓條約多承認人民有選擇國籍之自由。歐洲大戰以後之凡爾塞和約。仍維持此主義。（註十一）關於國籍之選擇有二問題、須研究者、一爲選擇之意思當於如何之時期以內表示。二爲人民之範圍是也。就第一問題言、各國實例甚繁。尙無一定之原則。（註十二）惟期限過短。則人民無決定意思之餘暇　過長則恐人民之國籍不定　不能盡國民之義務、必致國際上發生困難之問題。此訂約時所宜善爲斟酌者也。就第二問題言、或謂以在該地有住所者爲限　或謂以出生於該地者爲限　或謂並此二者而包含之　學說不一。故宜以條約明定之（註十三）

二　條約　喪失領域之國與他國所訂之條約。新立國或併合國。不受其拘束。此原則也。但如係使用或航行境界河川之條約。第三國對於分割地。既已得有權利者。則不在此限

三　土地及其他財產之所有權　喪失領域之國在分割地上之國有財產。其所有權由新立國或合併國繼承之至私人之財產。則不因分割而受影響惟須遵從新立國或併合國之法令處理之而已。

四　國債及債權　喪失領域之國所有之國債及債權。新立國或併合國。以不繼承爲原則然以土地爲擔保之公債。及專爲土地使用之公債。不在此限。

五　司法權之管轄　新立國或併合國以不承認喪失領域之國之裁判所之裁判爲原則。

第二　一國或數國消滅而建設新立國或爲他國併吞時。

國家消滅　其權利義務卽同時消滅。然國家雖已消滅。然若建設新國或係移轉於他國者　其權利義務。非盡歸消滅。故其關係視國家消滅原因而有異。一言以蔽之曰。凡國家因分合而消滅　舊國之權利義務與所失之土地人民有密切不可分離者。則當由新立

國或併合國繼承之。詳言之則如左。

一　人民之國籍　舊國之人民。當然為新立國或併合國之人民。

二　條約　舊國之條約。當然消滅。故如同盟條約其他政治條約通商條約。新立國或併合國不必繼承也。然於其土地及人民有密切關係者。不在此限。又如聯邦或併合國一旦分離復於舊制舊國之條約。當承繼之，例如一九〇五年。瑞典諾威分離各國與該國所訂條約。不因是而變更。

三　土地其他財產之所有權　當然歸於新立國或併合國。但個人之財產權。不受何等之影響。

四　國債及債權　合併舊國之全部者。繼承其全部。合併一部者。依比例之方法。繼承其一部。此為一般所承認。故惟與合併之土地　有相聯之關係者。當繼承之。

五　司法權之管轄　與一國割讓一部者同。

第三節　國家之消滅

國家因喪失其成立要素而消滅。其原因甚多。其直接之原因如左。

丁性存

現在國家之國权
內分四部即地面
地下水面空中

一　因天變地異。其土地人民歸於消滅時。

二　一國之全部。爲他之一國或數國合併時。

三　一國分裂爲二國時。

四　二國合併爲一國時。

國家喪失領土之一部。不得謂之消滅。又如變更君主王統及改革政體政府。亦不得謂之消滅。（註十四）

第五章　交戰之團體

國際法爲國家相互遵守之規則。故可爲斯法上權利義務之主體者。厥爲國家而已。惟在一定之期間限於特定之事項。有準於國家之待遇者。卽交戰團體是也。

第一　交戰團體之性質

一國之一部或殖民地。欲離母國而獨立。組織政治團體、對於政府戰爭。其能達獨立之目的與否。尚在未可預測之時。因其所屬本國或第三國之承認。關於抗敵行爲。得與國際法上之國家。享有同一之權利義務者謂之交戰團體。Belligerent Communities

丁性存

凡內國戰爭。旣與外國。無何等關係 自不發生國際法上之關係，然欲分離之團體。其勢力旣甚强大。本國政府、遽難鎭壓。且其抗敵行爲之範圍 及於國境或公海 對於外國之利害關係重大。故於是時。本國認此爲交戰團體 關於該團體之行爲。對於外國。可免責任、外國承認爲交戰團體。亦得矯正其暴行。使之嚴正適用國際法。彼此均有利益。

第二 交戰團體之承認

承認之方法有明示者有默示者，承認以何時爲宜。當有一定之要件。

一 以兵力爭鬥而非容易鎭定者。

二 兵力甚大其程度與國家間之戰爭相等者。

三 關於外國之通商航海及其他權利利益。有重大影響者。

第三 交戰團體承認之效果

交戰團體承認以後其團體在戰爭繼續期間內戰時法之適用上與國家處於同一之地位故其本國對於該團體之行動不負責任由交戰團體自負其責外國對於交戰團體亦得矯正其

暴行使之嚴守戰時法規是彼此互受其利益也

註一　多數學者皆謂人類非有一定之土地則國家之權利義務不能明確然權利義務之關係與領域或居住之處所非有何等關係卽無疆域其權利義務之關係亦得明確例如十三世紀亨士同盟Hanseatic League 以至現在之公共團體及法人等是也

註二　一六六一年駐紮倫敦之法國公使與西班牙公使當扈從英王出行之際彼此互爭前列以至西使之御者毆斃法使之馬並刺殤其御者法王路易十四世以是大憤逕向西班牙致哀的美敦書一七五六年駐紮里斯本之英法大使亦因位次之關係發生爭議

註三　一五　二年經羅馬教皇定各國之次序以羅馬教皇爲第一位羅馬王爲第二位法國王爲第三位然未實行自一八一五年維納會議以來乃以國名之Alqhabet 之次序定公使之席次然同一國各國之稱呼有不相同者例如德國自稱爲Deutsches Reich英國則等之爲Germacy 法國則稱之爲 Allemagne 彼此所稱不同易生爭議故今日概以法語爲準若兩國之名稱其第一字相同者則按典排列之法爲其次序

註四　比利時之永久中立係根據一八三一年之獨立條約爲英奧法普俄五國所公同承認

丁性存

者也及一八三九年比荷戰爭終了復由五國訂約承認比利時之中立惟該國之地位自歐戰媾和以後已有變更據一九一九年歐洲講和條約第三十一條規定德國承認一八三九年四月十九日所訂之條約已不適於現時之要求允將該約作廢故比利時之永久中立因此而消滅　瑞士之永久中立係根據一八一五年之維也納條約　盧克森堡之永久中立係根據一八六七年之條約爲英奧法普俄義六國所公同承認者然據歐洲媾和條約第四十條觀之則該國之永久中立已消滅矣

註五　一八七四年法國與安南締結保護條約其大旨如左

一　安南願受法國之保護凡外交上諸事件卽對於中國及其他諸國之交誼均聽法國之裁可安南政府惟依法國之介紹始得與外國交際

二　法國以王禮待遇安南王且對於其他諸國保證安南之獨立安南如有外患內憂事無大小難易法國必無條件應其請求援助安南整理鎭靜之一八八四年法與安南改訂條約法國在安南之宗主權更爲擴張中法戰爭卽由此而發生不幸中國戰敗遂公然承認安南爲法之保護國矣

日本當未併呑朝鮮以前曾於明治二十八年訂立保護條約大旨如左

一　日本政府保護維持朝鮮王室之安寧與尊嚴

二　關於朝鮮對外國之關係及事務由日本之外務省監督指揮在外國之朝鮮臣民及其利益由日本之外交使臣及領事保護之

三　朝鮮非依日本政府之介紹不得定有國際性質之條約

四　日本於朝鮮設統監一名爲日本政府之代表管理外交事項並於各商埠設立理事受統監之指揮執行從來屬於日本領事之職權

明治四十年更訂條約擴張統監之權限凡關於朝鮮之內政及立法行政諸端以及任免官吏皆須經統監之承認至是而朝鮮之主權乃完全喪失越三年朝鮮遂爲日本所併呑

註六　隸屬國之例如土耳其之對於埃及是也埃及之隸屬於土耳其係根據一八四〇年英奧俄普與土所訂之條約該條約規定（一）關於內政埃及王有自治權然須以土帝之名義行之（二）埃及之海陸軍爲土耳其陸海軍之一部（三）埃及貨幣一面鑄上帝肖像

一面鑄埃及統監肖像（四）埃及對於土耳其每年須貢輸金錢（五）埃及對於外國之關係非經土耳其同意不得處理自一八八二年以後因埃及濫借外債之結果致招英法之干涉嗣因內亂由英國軍隊占埃及故事實上早爲英之保護國矣

註七　北美合衆國獨立之時法於一七七八年卽已承認致發生英法戰爭一八三七年美國首先承認Texas州之獨立致發生美墨戰爭

註八　例如一八一四年至一八一六年英美兩國因漁業問題有所爭議英國主張英美兩國間之條約因一八一二年之英美戰爭而消滅美國政府反對之謂英國據一七八三年之維爾塞條約承認美國之獨立規定國境又因一八一二年之戰爭作爲無效則當該戰爭發生時美國應返於建國初之地位當以獨立或革命之名義與英爲敵矣美國之主張在學理上極爲正當蓋一經承認卽不得取消一八一二年美國以獨立國之資格與英戰爭非國內戰爭也

註九　一八二七年英美兩國因眉因州問題有所爭議（一七八三年英國承認美國獨立之條約於該州之境界未經明晰規定）英國以美國全體本爲英之殖民地凡條約上未明文

丁性存

讓與美國者悉屬於英國美國則謂紀載於維爾塞條約之美國領土非由英國以條約移轉其領土原爲美國所有英國不過承認有此事實而已故對於該地之領有權決不能如英國方面之單純之議論決定眉因州之屬於美國爲一七七六年以來之事實當一七八三年承認以前已屬於美國主權之下云云其立論之正當爲多數學者所公認或者因此而謂承認有追溯既往之性質則誤矣

註十　一之例如普法之戰普取法之Alsace Lorraine兩州一九一九一九年德國戰敗復以此兩州歸法是也二之例如日本之合併高麗一七七二年一七八五年波蘭爲普奧俄三國所分割是也三之例如一七八三年美國離英獨立是。四之例如一八三一年Netherland分裂而爲荷蘭比利時二國一九零五年瑞典挪威之分離是也五之例如一八一五年瑞典挪威合爲一國一八六七奧匈兩國合爲一國是也

註十一　一六四八年惠斯德發利和約約定割讓地之住民許其有信教之自由自後遂擴充其旨許住民有選擇國籍之自由如一七六三年普奧和約一七七二年波蘭第一次分割條約一七七四俄土條約一七八五年法西劃界條約皆然第十八世紀以後以至十九世紀之

割讓條約皆採此主義一九一九年維爾塞和約亦然如第三十七條規定凡十八歲以上之德國人住在按照本約割讓於比利時之地域者於地域主權移讓完了後二年以內有選擇德國國籍之權利又如第五十四條規定愛爾薩斯羅連地方住民國籍問題其附屬書第二項所載該地人民在和約實施後一年以內有選擇權是也

註十二　一七七四年俄土條約選擇期限以一年爲限欲爲土耳其人者須離去割讓地又如一七八五年之法西條約一七九三年一七九八年之德法條約亦以一年爲限他若一八一四年之瑞典丹抹條約以六年爲限一八三一年比利時由荷蘭獨立其選擇期間以二年爲限

註十三　一八七一年德法和約第二條規定法國人民在割讓地出生現住於其地者欲保有法國國籍須於一八七二年十月一日以前呈報官署將住所移往他國時得爲法國人又如一九一九年維爾塞和約第五十四條之附屬書規定如左

一　左列人民於一九一八年十一月十一日以後當然取得法國國籍

甲　因一八七一年五月十日法德條約適用之結果喪失法國國籍其後於德國國籍以

外未取得他國籍者

乙　前項所載人民之嫡出或私生直系卑屬但父系直系尊屬中除一八七〇年七月十五日以後移居於阿爾薩斯羅連之德國人

丙　出生於阿爾薩斯羅連而其父母不明或其國籍不明者

二　左列人民本約實施後一年以內得請求入法國國籍

甲　依附屬書二之規定不能回復法國籍者其直系尊屬中不論男女有因前條甲項所載之事情而喪失法國國籍之法國人

乙　凡外國人非德國各邦之國民在一九一四年八月三日以前取得阿爾薩斯羅連人民之資格者

丙　有住所在阿爾薩斯羅連之德國人一八七〇年七月十五日以前在該地有住所者又其直系尊屬之一人於該日期以前於該地有住所者

丁　在阿爾薩斯羅連出生或有住所之德國人此次戰爭中從軍於同盟及聯合國軍隊者及其直系卑屬

戊　一八七一年五月十日以前父母外國人在阿爾薩斯羅連出生者及其直系卑屬

己　依本附屬書之一規定囘復法國國籍或依前列各欵之規定請求取得法國籍者之配偶

未成年者之法定代理人得爲未成年者行使請求權若未行使此項權利該未成年者至成年後一年以內得請求法國國籍除已欵外法國官憲留保臨時拒絕請求之權利

三　除依附屬書二之規定以外凡在阿爾薩斯羅連出生或有住所之德國人雖已取得有爲該地域人民之資格者不得因該地之復歸取得法國國籍但此項德國人得因歸化取得法國國籍但須於一九一四年八月三日以前於該地有住所且須提出證明自一九一八年十一月十一日以後三年間繼續在該地居住

自請求歸化法國之日起凡對於該德國人應由外交官及領事保護者專由法國負其責任

註十四　一國變更君主王統爲國內政治組織之變更於國家之生存不生影響例如一七九二年七月法國大亂時代陷於無政府之狀態然法國非因是而滅亡又如一八三一年比利

丁性存

時由荷蘭分離時歐洲五强國開倫敦會議其議定書中有曰國家內部之機關不論有如何之變更條約不失其效力云云此已成爲公認之原則就實例而言如一六四九年英國第一革命時代及一六八八年第二革命時代對於查理一世及Stuart王朝所訂條約繼續有效又如一六六〇年查理二世再登王位仍以克林威爾時代之條約爲有效一七九〇年法國革命國民議會以路易十四及其從前所訂之條約爲仍繼續有效然此種原則在法國革命時受非常之反對法國曾有宣言謂暴君時代所訂之約不足以拘束法國歐洲諸國以此種宣言爲破壞條約之信義且毀損權利遂以法爲公敵開始戰爭一八四八年法國第二共和政府之外交總長曾宣言曰法國不受一八一五年維也納條約之拘束爲歐洲諸國所反對以維也納條約須經各締約國之同意而始消滅也

第三編　國家主權所行之範圍家

第一章　國家之領域

第一節　領土

領土爲一國之主權及於陸地之範圍。國家各以地球表面上一定之範圍．爲其領域。故必設一確定之區劃。使主權之範圍。不致混淆。不然。則國家主權之衝突。由是而起。此外交史上所恆見之事實也。

國家有以山岳湖沼河海原野沙漠爲國境。而不設明確之境界者。亦有利用此觀念以擴張國土者。然此等天然之地勢。每不足以決定國境問題故實際恒據條約或慣例以定境界。無條約及慣例可據。發定國境之必要時。國際公法上原則之可據者如左。

第一　自然國境　自然境界。謂以自然之地勢爲標準而設定國境者是也。其標準如左。

一山岳　以分水線爲界。

二　河川　（甲）可航行之河川以航路之中央線爲境界。河身有變更時。以該河舊時之中央線爲其境界。（乙）不可航行之河川。以河川之中央線爲境界。

丁性存

三　湖沼　湖水之周圍。若屬於一國領土者。自無國際上之問題。周圍之土地屬於兩國以上者。或主張以水面之中央線爲境界。湖沼可以等分者。固可適用此原則。其不能等分者卽不得適用。故當由湖沼沿岸領土之兩端。畫一直線以爲境界。至湖沼沿岸之屬於三國以上者。非訂有條約。則無從確定也。

第二　人爲國境　此本於契約或習慣。由兩國間之合意而決定。或以天然之地勢。或以特定之地位。或依經緯度。無一定之原則。

第二節　領水

第一款　河川

第一　國際河川

國際河川。謂貫流二國以上。得以航行之河川。其沿岸諸國及與之交通諸國。有共同之利害關係者　沿岸各國對於自國領土內之部分。有完全之主權。得以絕對支配。其河川全流有無共同之使用權。學說不一。而又有種種之沿革。列舉如左。

一　國際河川之沿革

甲　羅馬法以一切之國際河川為公有物。許一般人民自由航行。

乙　格魯鳩認為社會原始時代之既得權。沿岸國民。對於貫通他國領土內之河川全流有航行權。

丙　耳霍Hall勞倫司Lawrence華登wheaton諸氏。以無航行權為原則。惟因特別條約或時效得以受得航行權。

丁　以條約訂明者。如一八一五年維也納條約。關於貫通數國之河川。各國有締結條約設定航行規則之義務。其規則卽以該約所定之原則為依據。今述其大旨如左。

A　凡貫流數國領土之河川。由得以航行之處以至河口。商業上之通航悉屬自由。

B　各沿岸國於其領內之河流。行使主權。然不得設置存貨倉庫及堆積貨物之停航所。其因航行便宜而設立者。不在此限。

C　航行稅不因物品之分量性質而變更。

D　航行之警察法。各國務須一致。其有須改訂者。必經沿河諸國之承諾。

E　沿岸國有整理河流之義務。得因此酌課關稅。但不得因希圖利益。增加通航稅

戊　國際河川之實例。如萊因河多腦河聖魯崙司河密土施比河剛果河是也。（註一）。

二國際河川之性質

國際河川之自由使用。固爲今日之原則。然其性質與公海之全屬自由者不同。須經領域所屬國明示或默示之承認。在一定條件之下。而後可以供各國之使用。近時大都以條約規定。以謀各國交通通商之便宜。同時尊重沿岸國之主權。務使沿岸國之警察權及其必要之主權無碍於行使河。川之使用權以及河岸支流爲原則不如是則不能達其使用之目的。

第二　運河

運河爲溝通公海而設。以人工開鑿。爲所屬國領土之一部。其河之沿岸均屬於一國者。卽爲其國所專屬。無國際上之問題。其河之沿岸。分屬數國。在沿岸國共同支配之下者爲國際。運河。

國際運河之許各國通航者。必以特別之條約定之。其例如左。

丁性存

一　蘇彝士運河　一八五四年法人李攝伯。Lesseps得埃及王之許可組織股分有限公司開鑿是河。其股分之一部爲法國人所有。一部爲埃及王所有。埃及王所有者旋爲英國買收。於是此運河在國際上之地位。遂有變動。一八八八年開列國會議於君士坦丁。決議之大綱如左。

甲　開放蘇彝士運河。許各國船舶通航。無軍艦商船交戰國中立國平時戰時之別。

乙　不得在運河內爲交戰行爲。

丙　交戰國軍艦。除不得已外不得在運河內停船至二十四小時以上。

丁　交戰國之船舶。在運河內相遇時，一方出發以後。他方之船舶，非經過二十四小時不得開行。

戊　交戰國軍艦除不得已外。不得在運河卸載人員。

二　巴拿瑪運河　一八五〇年英美兩國。締結克來頓勃爾韋條約 Clayton Bulwe treaty 訂明以是河由英美共同經營。未幾改訂條約。以開鑿運河事歸美專轄凡設立運河規則以及管理等事美國有絕對之權利。關於局外中立之事以蘇彝士運河條約爲基礎。並訂明美國如遇不法擾亂。因保護運河。得設置必要之軍事警察，即一九〇一年之海朋司福德條約Hay Pau ncefn.e treaty是也。一九〇三年美復與巴拿瑪共和國訂租借運河地帶條約。並保護其中立擬以上各種條約觀之。該河之中立條件。雖以君士但丁之條約爲標準而實與蘇彝士運河大有差異。

甲　蘇彝士運河據君士但丁條約第一條。無論平時戰時。許各國軍艦通過。英美之巴拿瑪運河條約因美之要求。删去無論戰時之字樣。故美國在交戰中有禁止敵國或其同盟國之軍艦通過之權利。

乙　蘇彝士運河。據君士但丁條約第三條所載。運河及其入口諸港三海里以內。禁止一切戰鬥行爲。并訂明土耳其爲交戰國之一方時亦然。而英美條約則不然。故合衆國所不許通過運河之國。對於合衆國無守此條約之義務。如以美國爲敵國時。在巴拿瑪運河有戰爭之自由。

丙　據第一次海朋司福德條約。載明運河及其水面。不得建築要塞，第二次條約則由美國請求删去故美國有以實力保護運河之權力。

Territorial waters

丁性存

丁　美國向巴拿瑪共和國租借之運河地帶。事實上屬於美國完全之主權。美國於此，有軍事行動之自由。故以美爲敵之戰爭國。可視此地帶爲純然之敵地。

第二欵　海

第一　領海

領海者。海洋之一部。而屬於一國主權之下者是也，海洋本爲各國人民所得自由航行使用之區域。然瀕海之國家。對於沿海之一部。苟不認爲主權所及之範圍，則於國家之存立發達。皆有妨碍。故國際法上以領海準乎領土視爲領域之一部。以原則論。國家對於領土。得以行使絕對無限之權力。然領海則非可以嚴格適用此種原則例如領土之上，非經所屬國明白承認。外國軍隊不能經過。領海則但須所屬國無反對之意思表示。外國軍艦可以自由經過是也。海洋之一部。何以作爲領海。專屬於一國之主權。其理由如左。

一　海洋與陸地異，隨處可以出入自由。若不認領海之制度。必發生左列各種問題。

甲　國防上之不便　對於他國之有敵意者。其軍艦往來。難於戒備。

乙　經濟上之不便　如關稅問題是也。

丙　衛生上之不便　如防疫是也。

二　欲保護沿岸住民　則領海制度尤屬必要。

甲　警察上　不論平時戰時。對於沿岸海有行使權力之必要。

乙　民利上　海爲天然之富庫。居住沿海之人民。從事於各種之水產業。是國家所當保護者也。

海洋之一部既爲國家之領域。是不可不有一定之範圍惟潮水忽退忽漲。非一定不變。故欲定範圍。當先定陸地與海洋之界限。及領海與公海之界限。

一　領土與領海之界限。其標準如下。

甲　以潮漲時爲標準　此爲羅馬法所採之主義。近今已不適用。

乙　以潮退時爲標準　此爲近時國際法學者一般承認之主義。各國漁業條約中。亦採用之。

二　公海與領海之境界。其標準頗不易定。非先研究公海之性質。則不能解決。今就

丁性存

其大畧說明如左。

甲 公海之性質

公海云者。即不屬於任何國主權之海洋是也。公海自由。爲近世國際法不易之原則。（註二）自由云者。不屬於何國主權之下。各國人民皆得使用之謂也。

A 公海自由之效果

1 不論何國。不得於公海之上行使主權。

2 公海非無主物。乃公共物也。

3 各國及其國民。皆得使用公海。使用之時。不得妨害他國或他國之人民。妨害公海之自由使用者。在國際上爲不法行爲。

a 航行　各國之船舶。得自由航行。

一 不問平時戰時。不論軍艦商船。

二 限因國際條約。得加以制限。

b 收益（漁業）　公海中所有之魚貝眞珠珊瑚。任各國人民自由採取。不

得爲一國所專有。但亦有因國際條約而加以制限者，

4 一國之軍艦商船。在公海上之地位。

a 祇服從其所屬國之法權。

b 決不服從他國之法權。但戰時在一定條件之下。交戰國有臨檢捕獲之權。

5 戰時交戰國得因戰爭使用公海。

B 公海自由說之沿革

1 古代以公海爲公共物。爲羅馬法及學說所同認。

2 中古以來。海賊橫行。各國均欲於沿岸之附近。振其權力。以謀往來之便利。於是遂以公海之一部。爲自國所占有。（註三）而他國船舶之往來海上者。每因此而受不便。於是異議起矣。

3 首倡公海自由之說者。爲荷蘭之格魯鳩。一六〇九年。以公海自由論（註四）公布於世。未幾有英之西爾登（ Selden ）者。唱閉海說以爲英國辯

航路圖指南針鐵

丁性存

護。

4 自十九世紀以來。公海自由論復興。惟限於一定之範圍以內。認爲可以占有。此可以占有之範圍。卽領海也。

乙 領海之範圍

A 領海範圍之變遷

1 中世以來。各國主張以近海爲已有。其範圍甚大。如西班牙葡萄牙則分占大西洋印度洋。自今日公海自由之原則確定以來。此種不當之主張。已無存在之餘地。

2 三里海說（彈着距離說）賓格秀 Bankershock 及其他學者主張以自海岸至大砲彈丸所能及之地。爲一國之領海。當時砲彈所及之地。約三海哩。故以此爲標準。自潮退點起沿岸三哩以內。爲一國之領海。（按一海里爲一八五五邁當三海里合一力克此爲多數學說及各國之條約法令所採用者。

3

擴張領海說（一）六海里說國際法學會。以砲術進步。非擴張領海之區域不可。一八九四年會於巴黎。議決之大旨如左。(甲)全體一致認擴張領海爲必要(乙)以大多數議決六海里說。（丙）戰時局外中立國。因維持中立。得以近世砲彈之最大距離。爲領海之範圍。如一九一四年歐洲大戰時意大利中立。即採用此說。以多數之國內法及條約而論。則尚維持三海里說。惟關於關稅檢疫及局外中立。每有對於三海里以外。行使權力者。英法美諸國曾有其例。中墨通商條約。關於關稅之事。則採用九海里說。如該約第十一欵曰。此次立約所言各口。即指現在及將來准許貨物進出通商之口岸。彼此均以海岸去地三力克(每力克合中國十里)爲水界。以退潮時爲準。界內由本國將關稅。章程切實施行。並設法巡緝。以杜走私漏稅。是也。然此種慣例尚未能認爲各國通行之國際法規。沿岸國家雖對於三海里以外。行使權力。不但謂三海里以外之海面。即爲其國之領海也。

B 國家對於領海之權利

1 國家在領海之上有主權。然其主權非無限制。故他國之船舶。有無害通過權。

2 國家在領海上有主權之結果。

a 立法權 國家關於領海得制定各種法規。(例如檢疫規則軍艦入港規則)

b 行政權 如保安警察。衛生警察。監督關稅。是也。

c 司法權 (裁判權)(一)本國船舶。自不待論。(二)對於外國商船。則有民事刑事之裁判權。(三) 外國軍艦 則不在此限。其詳俟後言之。

d 領海之上。惟本國人民。得以從事漁獵及沿岸貿易。

子 漁業權 本國領海以內 惟本國人民得以從事漁業。故有以國法規定者。又有以條約規定者惟。此等權利。亦可由國家特許外人爲之 如俄羅斯政府許日本人民在奧古克海經營漁業 其一例也。

丁性存

丑　沿岸貿易權　沿岸貿易(Coasting trade)云者。謂在屬於一國之港灣與他之港灣間　或屬於一國之港灣與殖民地間。從事貿易。是也。此爲本國人所專有之權利　外國船舶在他國領海。雖得自由通航。然欲於沿岸貿易。則非經領海國之特許不可。故除比利時復外。德意志法蘭西西班牙諸國。皆以沿岸貿易　爲本國人民專有之權利。英國則於相互條件之下　許他國人民享沿岸貿易之權　美國則不但本國港灣之間。禁止外人貿易。本國港灣與殖民地港灣之間。亦禁止外國船舶貿易。

我國自與各國互市以來。沿海口岸。皆許外人貿易。道光二十二年與英媾和。遂以廣州厦門福州寧波上海五口爲通商口岸。其後陸續增闢口岸。如長江各埠亦許外國船舶停泊上下貨物　是內港亦許外人貿易矣　惟中墨通商條約。則有互相禁止沿岸貿易之明文。如該約十一欵曰。兩國商船　准在彼此現在或將來開准通商各口。與外洋往來貿易。但不准在一國之內各口岸往來載貨貿易　蓋於本國之地往返各口運貨。乃本國子民獨享之權利也。如此例施

丁性存

於別國 則彼國商民。自應一律均霑。但須妥立互相酬報專條。方可照行。

是也。

第二 海灣及內海

海灣之周圍。全屬於一國之領域。且其入口兩岸之距離。在六海里以下者 灣內全體。視爲其國之領海。再於灣口之兩岸。畫一直線。線以外之三海里。亦爲其國之領海。然徵之實際則海灣入口兩岸之距離。雖在六海里以上。亦有視爲一國之領海者。（註五）又萬國國際法學會之。決議領海之範圍以六海里爲限。至於灣口則於兩岸距離十二海里之地點。結一直線。爲領海之起算點。直線外之六海里爲領海 此尙未足以認爲國際法上確定之原則也。

內海之周圍。屬於多數之國家者。其海面爲沿岸各國所共有。沿海岸之部分，仍適用領海一般之原則 如俄土間之黑海是也。惟黑海之地位與歐洲各國之勢力平均有極大之關係。故依一八五六年之巴黎條約。取得特別之地位。（註六）

第三 海峽

海峽適用之原則如左

一　由公海通於內海。其入口兩岸屬於一國。在六海里以下者。視爲其國之領水。如俄國阿耨巫 Aguf 之凱爾秋海峽 。 Kerch 日本瀨戶內海之下關由良豐後海峽是也。

二　兩岸雖屬於一國而連絡公海與公海之流峽。其沿岸爲所屬國領有。然仍許各國自由通航。惟因國防上之必要。得加以制限。如聯絡黑海與地中海之卜斯帮拉 Basphorus 大達尼耳 Dardaneles兩海峽是也。

三　海峽之兩岸。屬於二國以上者。不得爲一國所專有。如馬傑蘭海峽 Magellau 爲智利與亞爾然丁之領域。故屬於兩國之共有。以其中央線爲境界。

第三節　領空

自航空機關及無線電信發達以來。領空之問題。遂爲國際法學家所注意。國際法上不可不設確定之原則。茲舉近人所主張之學說。縷述如左。

第一　領空之性質

丁性存

一　空域自由說　空氣之浮動。等於海水。自格魯鳩以來。已認自由之原則　那依士nyt 本此以立說。以空域與充塞空域之空氣。混而爲一。且公海所發生之事　較空域所發生之事。其利害不同　故此說缺法理上之基礎。

二　制限自由說　此說之基礎。仍認空域爲自由。但在空域以下之國家　基於生存維持權之名義。對於使用空域有害國家之安全者。得加以制限而已。如一九〇六年國際法學會議決之無線電信法案。及一九一一年萬國國際法學會議決之飛行機法案。皆採此說。

三　空中爲主權所及設一定之距離說　自地上至一定距離之範圍以內。屬於其下之國家之主權。離此而外。則爲自由。主此說者。約分二種。

A　自國家領地之地面至三百三十邁當之(每一邁當約三尺三寸强)空域爲國家主權所及之領域。(現今各國建築物尚無高過三百邁當者惟巴黎之伊符塔 La Tour Effel 高三百邁當可於其上加無線電信柱高三十邁當合爲三百三十邁當故以此空中分界之標準)

以兵力所能及之處爲限

四　對於空域不設一定之距離制限而認爲國家主權之所及同時仍許他人無害使用說

此說以位於國家以上之空域。因他國之利益而承認地役之一種。凡他國人以航空機關航經過空中。或因無線電信以致使用空域。凡無害於空域以下之國家者。其國家當許其使用。韋士德立克 westlake 及赫虛黎皆主此說。蓋以國家支配空域之性質。有類於國家之支配領水者也。此說較前三說。固爲穩妥。然所謂無害使用之範圍理論上易生議論。爲空域以下之國家計。殊多不便。

五　空域全爲主權所及說　此說以在一國領土以上之空域。類於一國之內海。位於一國領土領水以上之空域。關係於空域以下國家之利害。甚爲深切。非以主權屬於其空域以下之國家。則其國之正當利益。無由保護，此說爲一九一九年航空條約所採用。近時各國國內法規。亦多從之。（註七）

第二　領空之管轄

領空爲一國主權所行之範圍。因國際交通而使用輕氣球空中飛行機無線電信其須經過他國之領空。猶之船舶之經過領海也。故其管轄之方法。當準乎領海。凡關於警察稅關國防皆須設必要之規定使遵守人。設有碍國家之生存者。空域以下之國家。得以禁止使用。如砲台及其他軍事上重要建設物之周圍。不許輕氣球經過是也。許其經過者。亦得加以制限。如限定經過之道路時期下降之處是也。

第四節　船舶

公海以自由爲原則。然船舶爲海上人民生活之根據也。是不可無保護此等人民財產之主義。至軍艦則爲一國之戰鬥力。代表主權者也。故海上之船舶。爲一國主權所行之範圍。

一　領土說　此說以一切之船舶爲其所屬國之分子。視爲浮動之領域者也。然採用此說必生左之結果。

甲　船舶入於外國領域海時。同一地面。而爲二國所領有。必致領土主權發生衝突。

乙　戰時交戰國軍艦。對於中立國軍艦護送之商船。絕對不能臨檢搜索。

二　非領土說　領土爲一國主權所行之範圍以船舶爲領土與公海之性質。不能相容。公海之上不論何國、決不能排斥他國。絕對行使其主權。故各國對於所屬之船舶。行使主權。非視船舶爲領土。又非謂船舶可行使主權於現在之海上。船舶入於一國之領海。以原則論。當服從其國之主權。唯軍艦爲一國之戰鬥力。代表主權。故基於國交之必要。認爲有治外法權。不服從所在國之法權。

船舶爲國家主權所行之範圍。故不可不屬於一定之國家屬於一定之國家云者。卽有特定之國籍是也。

欲證明船舶屬於一定之國家。必須有國旗及船舶國籍證書。國旗所以證明國籍。故各國皆有特定之國旗。使其所屬船舶揭掛。然不保無僞冒之弊。故更須具一定之船舶國籍證書。

多數國於商船掛國旗而外。又有軍艦旗。又凡服特別任務之船舶。皆有特定之旗章至採用如何之旗章。悉任各國之自由。但不與他國所用之旗章相混可耳。

第五節　領域之取得

丁性存

國家之領域。爲一種財產。故關於其取得之法理。殆與私法上個人取得不動產之法理相同但前者爲統治權。後者爲所有權。此其差異耳。

第一　傳來之取得

傳來之取得云者。謂對於他國行使主權之領地。而爲取得之行爲。是也。

一割讓　其原因如左。

1 買賣　如一八六七年美之取得俄領阿拉斯卡 Alaska 是也。

2 交換　如日本（明治八年）以薩哈連島與俄之千島交換是也。

3 贈與　如一八六三年英以伊與尼 Ionia 贈希臘。及一八八七年。清光緒十三年）我國之以澳門歸葡萄牙是也。（註八）

4 戰敗之結果　如法。敗於普而失愛爾薩斯。羅陵 Alsace Larraine 兩州。俄敗於日（明治三十八年）而失薩哈連島　我國之敗於英而失香港。（清道光二十二年）敗於日而失臺灣。（清光緒二十一年）是也。

割讓必以條約。割讓地之區域。以及國債之如何分擔。國有財產之如何分配。人民如何處置。皆以條約定之。割讓爲主權之交替。割讓地脫離舊國家之主權。而受承受國主權之支配。故承受國非繼受割讓國之主權。乃擴張固有主權之範圍已耳。

割讓地所有之國有財產國債條約人民已於第二編第三章第二節述其大畧。惟關於割讓地之人民。尚有須討論者。割讓地人民之國籍。近世以來。概許自由選擇。故有期限及變賣產業之問題發生。今就中日講和條約觀之。該約第五欵條文如左。

本約批准互換之後。限二年之內。准中國讓與地方人民。願遷居讓與地方之外者。任便變賣所有產業。退去界外。但限滿之後。尚未遷徙。酌宜視爲日本臣民。

又按俄日講和條約第十條。其文如左。

讓與日本國地域內之俄國臣民。得有以自由變買產業退歸本國。其欲往於該地者須服從日本國之法律及管轄權始得受日本國之保護。以從事其職業並行使財產權日本國對於喪失政治上或行政上權能之住民。得以撤銷其居住權或驅逐出境。至於該項住民之財產權。日本必力爲尊重。

就以上二條欵比較觀之。其失地也相同。而其土地上之人民。則有幸不幸之別矣。

丁性存

一　中日和約。人民之選擇國籍有一定之期限。而俄日和約則不然。　夫選擇之定有期限。原爲各國所通行據中日條約　在台灣之住民。不願爲日本人民者。必於二年以內。變賣其所有之產業。彼富有產業者。既不願抑價以求售。遂永無脫離此土之一日。故選擇國籍之自由。因此而剝奪於無形矣。

二　中日和約。有變賣產業之規定。而俄日和約則不然。　變賣財產之制。自路易十四廢止以來各國踵而行之。日本於台灣之中國人。不願爲日本人者。必於二年以內。變賣產業。而俄人之不願爲日本人者，則無此制限。不但此也。俄人之被日本驅逐出境者。且須尊重其財產。故在薩哈連之俄人。不願爲日本人者。仍可在割讓地行使其財產權。在台灣之中國人。不願爲日本人者。勢不得不犧牲其財產。

三　中日和約。有酌宜視爲日本民臣之語。而俄日和約則不然。　割讓地之人民。當然取得承受國之國籍。中日和約既載有酌宜字樣。是在台灣之中國人　經過二年以後。卽願取得日本國籍。尚須由日本政府酌奪。在昔各國取得野蠻未開之土地、慮其人民不受約束。致貽累於國家。始有此種政策。今日本乃採用之。是直以野蠻人

○待台灣之國人耳○

二　征服

國家有因征服而取得領域者。征服云者　謂因乎戰爭而滅亡敵國是也。故因征服而取得土地。與割讓異。割讓必以條約。而此則不以條約。與占領又異。占領爲事實上之問題不因此而取得主權。征服則於其土地之上繼續行使主權。而以其地爲自國領土之一部。須通牒各國。或宣言合併。

三　時效

時效云者，謂因時之經過而取得權利。或喪失權利是也。國家可否因時效而取得土地。其說有二

一　消極說　謂國際法上。國家以外無主權者。不得制定時效之年限及其他之條件。故不認時效之制度。

二　積極說　謂今日世界各國之領土。皆自古代占有之結果。其期間已不可考。所謂無限時效也。若不認時效。則國家領土之權原。無由說明。世界之秩序。必致紊亂

丁性存

。惟國際法上之時效。無一定之年限與條件。與私法相異耳。

第二　本來之取得

本來之取得云者。謂取得不屬何國之土地是也。

一　增添

因增添而取得領域者有二

甲　出於天然者　如因水之作用或地下之變動是也

乙　出於人工者　如因建設工作而增長之地面是也

因人工而增添之土地當然屬於設施人工之國家其由於天然者若在一國領域以內則屬於該國生於公海則從先占之規則生於兩國公有之河川或海峽以內時則依本來之境界線若由一國私有之河流積注土沙結成島嶼雖在公海亦隸於河流之所屬國

二　先占

昔有因發見而取得領土者　今則不然。必因先占而後可以取得先占須有一定之條件如左。

甲　先占之條件

一　先占之主體。必爲國家。先占爲取得領土之原因。領土非國家不得有。故先占之主體。屬於國家。其由私人發見而占領者。非經其所屬國之追認不發生先占之效力。

二　先占之客體。爲無主地。屬於他國領域之土地。非由其國家割讓。不能取得。故先占之客體。以無主地爲限。

三　先占必有實力。有先占之意思。而不以實力證明之。不能謂之先占。實力云者謂能於其地建設國權是也。易詞以言。先占之國家。能於其地執行必要之命令以保護其地之人民是也。

先占是否須對於各國宣言。學者之議論不一。徵諸實例。如歐洲諸國在亞非利加先占土地。皆有宣言。然此爲條約之結果。非國際法上確定之原則。（註九）

丁性存

乙 先占之範圍

先占之土地。以實力爲比例。設以實力不相當之地域。爲先占之範圍。是國際法上之所不許也。

丙 先占之拋棄

既經先占之土地。中途不加實力者。其先占即因是而拋棄。如英法之聖忒魯雪 Santa Lucia 問題是也。（註十）

對於先占已久之土地。一時偶爾實力中斷者。不得因此而認爲拋棄。如英葡之豆拉果灣 Delagoabay 問題是也。（註十一）

國際法上所認爲取得領土之方法。既具述於前矣。然就各國之政策言之。則取得領土之方法。尚不止此。附述於左。

第一 背後地主義 Hinter land doctrine

背後地主義云者。謂以先占領土之背後。爲先占效力所及之範圍。例如先占一海岸。由先占地內之河流。上遡至分水線爲止。爲先占效力之所及是也。此種主義無裨於實際。而又不合於法理。若所占之海岸。有小河流。則就先占之法理而論。其範圍自當至河源爲止。既不必適用此主義。故曰無裨於實際。其河流之大者。則不能以占領河口之故。而以其河源爲先占之範圍。蓋先占之範圍不能擴張至實力所不能及之區域。又不容適用此主義。故曰不合於法理。

第二 勢力範圍 Sphere of influence

勢力範圍云者。謂對於無主之土地。將來欲取爲領土。而先行設定之範圍是也。歐洲各國殖民於亞非利加。其所欲取得領土之區域。一時未用實力。而又慮他國亦欲取得此地。致啓衝突。乃明示範圍互相通知。此勢力範圍之所由來也。（註十二）夫先占以實力爲要件。而此則欲於實力所不能及之地。作爲先占之地。故又稱之曰假設先占以此行之於無主地且不可。而況行之於確有主權所屬之土地乎。然自西力東漸。各國假經濟上之政策。以達其侵略之目的：我國領土。儼然爲各國之勢力範圍。然我國固自主獨立之國也。列強以我國之土地。視若非洲無主土地。猶足以爲國乎。今誌其地及事實如左。

丁性存

一　瓊洲（海南島）　　法國

光緒二十三年二月。總理衙門照會法使。聲明不以瓊洲割讓於他國或爲他國之軍艦停泊所及石炭貯藏所。

二　雲南廣東廣西

光緒二十四年三月。法使照會總理衙門。聲明東京邊境諸省。（卽雲南及銀廣）與東京關係重大。永歸中國管轄。不得讓與他國。

三　揚子江　　英國

光緒二十四年一月。總理衙門會照英使。聲明揚子江沿岸各省。無論何國。中國斷不讓與租給。

四　福建　　日本

光緒二十四年閏二月。總理衙門照會日使。聲明福建省內及沿海一帶。均屬中國要地。無論何國中國斷不讓與租給。（民國四年又有照會）

五　山東

民國四年五月。外交部照會日使。聲明山東省內或其沿海一帶之地或島嶼。無論以何項名目。概不租與或讓與外國。

第三　租借地

其詳俟論獨立權之作用時言之。

第二章　人民

第一節　人民與國籍之關係

人民爲國家之要素。對於其所屬國。有絕對服從之義務。一國對於僑居外國之人民。當負保護之責。人民雖在本國領土外。對於本國。不能免服從之義務。故個人在如何條件之下。屬於一定之國家。不獨爲國內法之問題。亦國際法上所須研究者也。

國際法上之區別內外國人。以國籍爲標準。所謂內國人者。卽有本國之國籍者是也。例如有中華民國之國籍者　即中華民國之人民是也。故於中國之國籍以外而兼有他國之國籍者。（重國籍）其人民不失爲中國人。其不有何國之國籍者。以無中國之國籍。故非中國人。乃外國人也。易詞以言　不有外國之國籍者。亦爲外國人國籍與人民之關係如此其重。故不可不爲之說明如左。

第一　國籍之性質及其効果

國籍者表示其爲一定國家人民之資格者也、故其効果有三。一有國籍之個人他國當承認籍所屬國、得以對之行使權，二有國籍之個人。對於外國。當立於本國保護之下。三國籍所屬國。應收容有自國國籍者於自國領域是也。

第二　規定國籍法所應注意之事項

各國之規定國籍法也。各不相同。於是有國籍抵觸之虞、而處分內外人民之交涉。輙形棘手。立法之際。有應注意者如左。

一　不可使無國籍者發生。

二　國籍不可使其重複。

三　變更國籍不可不任人民自由。　近世各國。皆採脫籍自由主義。我國舊制嚴禁人民出洋即寓制限脫籍之意。自海禁宏開。此制早經破除。而公然承認自由變更。則以現行國籍法爲嚆矢。（民國元年十一月十八日公布民國三年十二月十日修正）

丁性存

第二節　國籍之取得

取得國籍之原因。各國國籍法所規定者不同、茲就我國現行國籍法所規定者畧爲說明如左。

一　出生　出生爲取得國籍原因之最重要者。但各國所採主義各異。

甲　血統主義　若上古希臘羅馬及我東亞各國　以父母之國籍爲準者是也。

乙　出生地主義　若南美各國。以誕生之地爲準者是也。

丙　折衷主義　前二主義。若推而至於極端。皆不能無弊。故現行國籍法。仿多數國之立法例。以血統主義爲原則。凡生時父母爲中國人者（第一條第一欵）及生而無父可考。或無國籍、而其母爲中國人。及父母均無可考。或無國籍者。若係出生於中國。則其人亦取得中國國籍。第一條第三欵第四欵）此則兼採出生地主義。所以濟血統主義之窮也。

二　婚姻　如爲中國人妻者。取得中國國籍是也。（第二條第一欵）

三　認知　即私生子之經其父母認知者是也。認知之要件如左。（第二條第二欵第三欵

第三條第一欵第二欵）

甲　依其本國法尚未成年。

乙　非外國人之妻。

丙　父爲中國人。經其父認知者。

丁　父無可考。或未認知。母爲中國人。經其母認知者。

四　歸化　歸化云者，外國人具有我國法律所定之要件。因其來歸之意。而由政府許以取得國籍是也。歸化之要件。就我國國籍法言之。不外左列數種。

甲　志願　古之時爲增殖人口計。强使外人歸化者有之。近今各國人口日繁。無取此策者。且一方則嚴定歸化之資格。而一方則强使無意歸化之外國人。入我國籍。未免自相矛盾。故以本人之志願。爲歸化之第一要件。此爲多數國家所採用我現行國籍法亦然。

乙　住所　生爲外人。驟歸我國。習俗不諳。不相宜也明矣。故須有一定年限以上之住所。其年限各國互異。我國則以繼續五年爲限。（第四條第二項第一欵）

丁性存

丙　能力　凡百行爲。必待成年能力充足。始有効力。顧成年遲早。各緣習俗而殊。故歸化能力。出於折衷之計。則莫如以歸化人之故國及其歸化國之法定之。（第四條第二項第二欵）

丁　品行　人品之邪正。國勢之安危攸關。故以品行端正。爲歸化資格之一。（第四條第二項第三欵）

戊　生計　有恒產者有恒心。此中外不易之理也。故須有相當之財產或藝能。足以自立者。始許其歸化。（第四條第二項第五欵）

已　喪失固有國籍　人之國籍。不可重複。故必本無國籍。或已喪失其國籍者。始許其歸化。（第四條第二項第四項）

歸化之要件如上所述。而外國人中有與內國人有親族關係者。有於國家有異常功績者。其歸化要件。或不必全具。或竟可不具。而取得國籍。是歸化之特例也。（第六條至第八條）

歸化人之義務。與內國人無異。其於私權也亦然。若夫公權則有。於一定之期間以內加

丁性存

以制限者。（第十一條）歸化之效力。不但及於其本人而已。歸化人之妻及其未成年之子。亦因其歸化取得國籍。（第十條）

五　養子　如爲中國人之養子者。取得中國國籍是也。（第二條第五欵）

以上所述。皆就我國之國籍法而言。其他各國歸化之制度，不違縷述　然許自由變更國籍則爲近世各國所公認。凡外國人之具有歸化之意思者。苟非違背法定之要件。自未可概予屛絕。獨吾國工人之有美者。美國禁止入籍。是大可異也。美國人民於人類之界限極嚴。而各州之歸化條例。有禁止蒙古人種（即黃色人種）歸化者。據同治七年中美條約第五欵而論。中美人民。彼此均可自由入籍。然據光緒二十年之中美華工條約第四欵觀之。華工在美無入籍之權。華工詎非中國之人民。何以失此自由。以尊重人類自由。視勞動如神聖之美國其政策乃若此。是吾所大惑不解者。（註十三）

註一　萊因河 the Rhine 之航行自由爲一八一四年巴黎條約第十五條一八一五年維納條約第十七條所規定依一八三一年三月三十一日之萊因航行條約僅許沿岸國有航行權其後依一八六八年十月十七日 Mayence 條約乃許各國船舶航行一九一九年凡爾賽講和

條約規定仍以 Mayence條約爲準則（三五四條）並照該約組織中央委員會（三五五條）其代表之人數如下荷蘭瑞士英義比各二名德意志沿河諸邦及法蘭西各四名　多腦河 the Danube之許各國船舶航行爲一八五六年巴黎條約所規定並設立多腦河委員會一八五六年多腦河航行條約以歐羅巴委員會所屬之建築物及吏員爲中立一九一九年凡爾賽講和條約規定復設歐羅巴委員會但係臨時之措置僅以英法義及羅馬尼亞四國之代表組織（三四六條）該委員會戰時所受損害德國有回復原狀及賠償之義務（三五二）歐羅巴委員會外又有國際委員會以德意志沿河諸邦之代表其他沿河諸國之代表及屬於歐羅巴委員會之非沿河國之代表組織之　聖魯崙司河 the Lawrence 英美嘗因此河發生糾葛據一八七一年華盛頓條約美國於遵守英國及加拿大之法律範圍以內有航行權　密士施比河 the Mississippi 此河沿岸英法西三國皆有領地故於一七六三年許英有航行權嗣以河口之Elori da iouisi aua 爲西班牙所有西主張對於此河專有航行權爲美所反對乃於一七九五年訂立條約許美有航行權今此二州全屬於美關於此河全流之權利爲美所專有　剛果河 the Cou go 據一八八五年柏林條約規定如下　此河許各國自由航行此自由航行

丁性存

之原則卽爲國際公法之一部因濬治河流得以課稅此外不得擅課通航稅該河流域之諸支流運河湖水亦適用此規則

註二　自十九世紀之初以來公海自由之原則爲國際慣例所公認雖有抱反對之主張者終亦不能堅持一如俄領阿拉斯卡據俄政府一八二一年之命令在海岸一百義大利海里以內禁止外國船接近然據一八二四之俄美條約一八二五年之英俄條約此種主張巳歸拋棄二如美國之於白令克海對於外國船舶亦欲適用海獸保護之法律一八八六年與英發生紛議乃以此交國際公斷一八九三年經公斷承認公海自由之原則美國對於沿岸三海里以外之海獸無保護及所有之權利

註三　一四九三年羅馬教皇亞歷山大六世主張以太平洋墨西哥灣爲西班牙之領域以印度洋及摩洛哥以南之大西洋爲葡萄牙之領域禁止外國船舶在此種水域往來此等極端之主張爲英荷所反對而未實行然英國雖反對大洋占有而主張近海占有甚力一六一九年英王查理斯要求荷蘭將主張公海自由論者處罰至一六三六年竟派遣艦隊六十艘掃除在海上從事青魚漁業之荷蘭人其後克林威爾亦持此主義發布航海律 Navigation

Aet 彼嘗論不許反乎英國之思意在海上有英國以外之國旗此外如威尼斯主張占有阿德里鐵克海瑞典丹麥之主張占有玻羅的克海皆其例也

註四　自各國主張公海爲其獨占主權所及之範圍以來荷蘭之海上商業頗受打擊於是格魯鳩因反對葡萄牙壟斷亞非利加及印度洋之故乃著海洋自由論 Nare Liberum 謂海洋非可以爲主權之目的猶空氣之不可占有然反對其說者甚多如義大利之 Sarpi 則於一六七六年著阿德里鐵克海領有論 De dominio del Mare Adriatico 葡萄牙之 Freitts 則著海洋獨占論西爾登亦承英王查理斯之意旨著閉海論 Mare chusum 故格氏之說在當時殆無人重視格氏沒後一七〇二年始有賓格秀著海洋領有論 De dominio mare 以和格氏其後如 Putendort wolff. vattel等又皆贊成公海自由說格氏之說乃爲世所公認矣

註五　如英國之 Bay of Conception（灣口二十海哩由口入陸約四十海哩至五十海哩）加奈大之 Hudson 灣（灣口五十海哩）那威之 Varanger Fiord （灣口三十二海里）法國之 Cancale 灣（灣口十七海里）美國之 Delaware 灣及 Chesapeake 灣（灣

口十海里或十二海里）是也

註六　黑海昔爲土耳其之領土所圍繞且當其入口之海峽距離在六海里以下然自一七三九年俄國取得黑海沿岸之領地以來奧大利及其他諸國亦漸次領有海岸故今日以黑海沿岸三海里以外之海面屬於公海一八五六年巴黎條約認黑海爲中立許各國商船自由航行沿岸之俄土兩國僅得於沿岸海上及多腦河口岸因警備得使小艦遊弋外不得令軍艦往來俄土兩國不得於沿岸設立海軍兵器廠普法戰爭以後俄主張廢棄巴黎條約中之黑海中立條項遂有一八七一年之倫敦條約將中立條欵廢止俄國海軍黑海之制限亦歸解除仍照一八四一年之倫敦協約土耳其對於卜期蒂拉大達尼耳兩海峽有閉鎖之權禁止軍艦出入但土耳其認爲擔保執行巴黎條約有必要時得使土耳其之和親國之軍艦經過海峽又各國商船仍得自由航行

註七　一九一九年各國在巴黎訂立航空條約其第一條曰締約各國承認各國各有其領土上空之完全獨立主權本約所稱之領土其意義包有該國本部及殖民地之領土並與該領土連接之領海又第二條曰各締約國平時對於他締約國之航空器若其經過不生妨害而

丁性存

又恪守本條約所訂之條欵當准其自由飛越領土凡締約國所規定之關於准許他締約國航空器飛入其領土上面之一切章程應不分國籍一律適用又第三條曰各締約國因軍事上之緣由或爲公共安寧起見有禁止他締約國航空器飛越本國領土內指定區域之權違者按本國法律懲治惟本國民所有之航空器與他締約國之航空器不得有所區別締約國行使此權時應將禁航區域之所在及其範圍先期公布並通告其他各締約國此約業經我國加入此外如一九一一年及一九一三年英國航空法規載有由英國外飛來之航空機不得航行於英國沿岸及領海上又其陸軍航空法規載有外國海陸軍航空機非先受英國政府明白之招待或許可不得航行或降於英國領土及領海之上一九一三年法國航空規則載有外國之軍用航空機不得航行於法國領域又一九一三年法德兩國之航空協定規則亦載有兩國航空機非得他方政府之招待者不得航行超越其國境及降於陸地之條文

註八　按澳門一隅自明嘉靖三十年已許各國通市法蘭西欲於其地建築城池以圖久據明人聽之諸番亦畏其逼葡萄牙乃賄有司請歲輸五百金賃廛以居清仍其舊輸地租如常道光二十九年葡人爲澳民所殺借端尋釁全佔澳地抗不交租粵大吏置不問其後葡屢請立

商約終無成議光緒十年法越之役起葡人乘機恫喝係無約國可以不守局外中立之例十二年我國派員赴香港與英人議洋藥稅釐事英人言澳門如不緝私香港亦不允行必英葡協議方可葡人仍以無約爲言十三年乃由總稅務司赫德擬草約四條派員赴澳京理斯波阿會議畫押該草約第二條曰清國確認澳門及其附屬地與他之葡國領土相同永久歸葡國占有並受其支配又第二條曰葡萄牙非經清國之同意不得以澳門及其他附屬地讓與他國由是葡國遣使至京經總理各國事務衙門與之訂約該第二欵曰前在大西洋國京都理斯波阿所訂預立節畧由大西洋國永居管理澳門之第二欵大清國仍允無異惟現經兩國派員妥爲會訂界址再行特立專約（下畧）第三欵曰前在大西洋國允准未經大清國首肯則大西洋國永不得將澳讓與他國之第三欵大西洋國仍允無異自此約告成澳門遂非復我有矣

註九　一八八五年歐洲十三國及美國開柏林會議以條約規定締約國間須爲先占之通知該約第三十四條曰將來在亞非利加大陸海岸獲得現有以外之土地或本無土地之國家取得土地或於海岸設定保護地時爲使締盟各國中之反對者有提起之機會計遇有先占

之行爲必須互相通知云云所以防國際紛爭於未萌用意甚善故一八八八年國際法協會之決議亦表示贊成且徵之事實法英雖先占該規約以外之地亦爲通知該約加盟各國又一八九〇年七月英德條約第五條約定兩國與赤道湖附近之非洲土人訂約時須互相通知

註十　聖忒魯雪者一六三九年爲英所先占越十載其地之英人悉爲土民殺戮英遂放棄一六五〇年又爲法所先占遂爲法之領土蓋以英人先占之時日甚短自遭土人反抗以後放任之時日甚長故當以拋棄先占論

註十一　豆拉果灣處亞非利加之東十六世紀以來爲葡所占有人此灣有一河其北岸爲葡之殖民地而南岸之土人於一八二三年宣言獨立英乘是時與土人結約取得該地遂成英葡間之一大爭議嗣由法國大總統梅克麥亨公斷以其地爲葡領據當時之調查葡國於殖民地附近有相當之兵隊駐守且所爭之地域甚狹就地形而論爲葡國殖民地兵力之所能及又曾對於土人行使管轄權有記載所以證明一八二三年土人之獨立固由葡國一時之疏忽然不能因此而使其喪失三百餘年確定之先占權

註十二　如一八八六年英德兩國約定太平洋西部羣島之勢力範圍一八九〇年七月又訂約劃定亞非利加大陸東部及南西部彼此可以先占及保護地之區域又是年八月英法兩國及一八九三年十一月英德兩國約定亞非利加大陸西部之勢力範圍又一八九一年六月英葡兩國約定亞非利加大陸南部之勢力範圍是也

註十三　同治七年中美續約第五欵載大清國與大美國切念民人前往各國或欲常住入籍或隨時來往總聽其自便不得禁阻爲是　光緒二十六年即陽歷一八九四年中美會訂華工條約第四欵在美華工或別項華人無論常居或暫居爲保護其身體財產起見除不准入美籍外其餘應得盡享美國律例所准之利益與待各國人最優者一體相待無異

第四編　國家之權利

第一章　獨立權 Right of Independence

第一章　獨立權之性質

貫徹自己之意思而不受人之干涉曰獨立國家對於內政外交不受他國之干涉自由處理之權利曰獨立權國家在其主權所行之範圍以內對於人與物有絕對無限之權力故當其行使權利也非可以受外國之拘束不但對於在領域以內之自國人民及其財產當得以支配即對於外國人及其財產亦得以支配外國人及其財產離其領域即非其主權所能及自國人民則異是雖在他國領域以內苟有自國人民之關係者仍有服從其命令之義務是內治之獨立也國家得以自由意思與各國交際以維持國家之權利及其威嚴是外交之獨立也故國家之內治外交得以自由意思處理而不受他國之干涉此原則也然此種獨立權因在國際法上有他種之權利義務僅限於一定之範圍以內得以自由行動並設定一切之條約同盟及國內法而已

第二節　獨立權之作用

第一款　獨立權在國內之作用

丁性存

第一項　獨立權對於領域之作用

一國在其領域以內享有絕對之權利因維持國家之生存及使之發達得爲各種必要之設施或排斥他國之權利此原則也然有因他種關係而受制限者其例如左

第一　國際地役 Servitudes in international law

國際地役云者一國在其領域內爲他國之利益使他國爲所不當爲或自己不爲所欲爲是也受此制限之國家曰承役國 Servient State 與以制限之國家曰要役國 Dominant

國際地役之種類甚多今姑分爲兩種述之如左

一　積極地役

積極地役云者一國在其領域內使他國行使其權力是也其例如左

甲　利用一國內之交通機關及道路

此爲國土被一國或數國之版圖圍繞時所常有者也其他如境界相接之大陸諸國因鐵路電信各種機關複雜非是不足以聯絡故各國爲便宜起見有設定此種權利義務之必要例如一八〇七年普國與撒克遜王國華爾蘇王國訂軍事約條兩國之軍隊經過自國

時負不加妨害之義務又一八一九年普奧及巴愛倫依福耶克福耳條約其軍隊有通巴丁奧丁堡海遜諸國之權利他如國際河流自由通航之條約亦在此例

以是我國之京榆鐵路許各國輸送軍隊軍器（光緒二十八年交還北京山海關鐵路條約第一條）及東省鐵路之許俄國軍隊通過（光緒二十二年東省鐵路條約第八條）亦有名爲國際地役者

乙　以一國之軍隊占領他國之領域或在其領域內爲各種營造

一國因他國不能維持其國內之安寧對於外人未能加以保護或慮爲第三國所侵畧間接立於不利益之地位爲自衞計乃於他國駐屯軍隊或爲種種營設是也

我國之許各國留兵分保使館及駐守黃村廊坊楊村天津軍糧城塘沽唐山灤州昌黎秦皇島山海關（辛丑和約第七欵及第九欵）及俄之東省鐵路日本南滿鐵路亦有視爲國際地役者

丙　在一國版圖內使他國官吏爲統治行爲

如一國之犯罪人逃入他國時其犯人所屬國之司法警察官追踪而入他國是也

丁性存

二　消極地役

就積極地役之反面觀之如一國在自己之領土內不得爲某種行爲即消極地役是也

甲　軍備之限制

國家不能以自由意思擴張軍備建築軍艦城塞及其他各種施設是也如日俄講和條約第九條日本及俄羅斯在宗谷海峽負不爲軍事設備之義務一九一九年凡爾賽講和條約第四十二條德國不得於萊因河左岸等處建設城堡及　第一百五十九條至　第二百二條制限德國軍力之規定是也　以我國之例言之如大　沽沿岸負不築砲台之義務（辛丑和約第八欵）自印度邊界之江孜拉薩負不設武備之義務（藏印條約第八條（是也

乙　法權不及於外國人

即領事裁判權是也其詳俟論領事時言之

國際地役在國際法上果爲正當與否學說不一別爲兩派

一以領土主權爲所有權可以設定國際地役

丁性存

持此說者其內容又爲兩派

甲　廣義國際地役　如前所述之積極消極各種地役及屬於廣義者持此說者如英之斐禮模 Philimore 德之赫夫得 Heffter 俄之瑪丁 Martens 是也

乙　狹義國際地役　惟限於習慣所許者認爲國際地役此外皆爲條約或其他合議之結果持此說者英之霍爾 Hall 是也

二　領土主權非所有權故不認國際地役　倡此說者德之黎士德 Liszt 也以上二說各異結果自殊如從第一說則承役國對於要役國必須永久負擔此種義務（註一）從第二說則此種義權不過爲條約之結果條約消滅則此種義務亦隨之消滅故國際法上之地役權當取狹義解釋而不得以條約上制限主權之行爲認爲地役也

第二　領土之租借

領土租界之例發生於近代非對等國之間所應有者也歐洲各國逞其蠶食之野心以租借爲割讓領土之一手段美其名曰租借而實則與强占無異今先就各國之事實考其由來而後再論其性質

各國之租借土地惟在東方諸國有其先例如一八七八年柏林條約及一八七九年奧土條約奧得土領之卜斯尼亞 Bosnia 赫格維那 Herxegoaina 之監理權英又於是時占領楷潑拉斯 Cyprus 排斥土國之行政權其後名國又以此伎倆施於我國茲舉租借之土地及其年月日如左

租借地	何國	何年	期限
膠澳	德	清光緒二十四年二月十四日 民國六年八月十四日對德宣戰此約消滅	九十九年
旅順大連	日本	清光緒二十四年三月初六日 由俄國租借光緒三十一年日本繼租	二十五年
九龍	英	清光緒二十四年四月二十三日	九十九年
威海衛	英	清光緒二十四年五月十三日 一九二一年英國代表在華盛頓會議宣言交還中國次年四月由中國政府派員籌備接收	二十五年

廣州灣　法　清光緒二十五年十月十四日　九十九年

法國代表於華盛頓會議聲明與英一致

今就各種租借條約之內容說明如左

一　卜斯尼亞赫格維那之租借條約

俄土戰爭之結果招各國之干涉乃於一八七八年之柏林條約第二十五條訂明以此二州之行政歸匈奧管理其細則由兩國政府議定翌年由奧土訂立條約其要領如左

A　奧國政府選任官吏之有行政上適當之才能者管理二州之行政

B　以二州之歲入充必要之行政費

C　與二州住民以信教儀式自由奧匈國官吏須尊重回回教徒之身體財產宗教自由以及名譽習慣

D　奧國政府管理城塞及在兵營內之兵器軍需品及其他屬於土國政府之物件

二　楷潑拉斯之租借條約

此乃柏林條約將成之際英國與土耳其所訂定者其要領如左

俄國若侵畧拔鐵姆等地方及有其他謀畫或侵畧亞細亞之領土各部分時英國以兵力援助土國凡在楷潑拉斯島之島民及其他土國住民之一切保護事項有應改良者須得英國之同意土耳其因欲使英國實行此約允以楷潑拉斯島歸英國管轄

三　膠澳之租借條約

中日和約告成德與俄法三國干涉還遼俄法二國籍是索酬德獨未饜所欲淸光緒二十四年鉅野德教士被戕遂藉端發難據膠州翌年許訂條約其大致如左

A　難膠澳海面潮平周圍一百里內係中國里准德國官兵無論何時過調惟自主權仍全歸中國如有中國飭令設法等事先應與德國商定

B　德國願在中國有海軍根據地及貯炭所造船所中國允將膠澳之口南北兩面租與德國先以九十九年爲限德國得於該地建築砲臺

C　在租借期未滿時中國不得治理均歸德國管轄

D　租借界內華民如能安分並不犯法仍可隨意居住德國自應一體保護自日德交綏（一九一四年八月二十三日日德開戰十一月十四日日本完全占領靑島）膠州灣之地

丁性存

位乃大有變更迨民國六年中國對德宣戰此項租借條約當然消滅現已由我國收回矣（參觀民國四年五月二十日日本交還膠澳之照會及六月十日中日山東條約一九一九年凡爾賽和約民國十一年四月中日解決山東懸案條約（註二））

四　旅順大連租借條約

自德占膠州以後俄遂乘機而起以該兩港終年不凍可與世界大航路接續又足爲有力之軍港用以制東方大陸之死命而掣日本之肘遂於光緒二十四年訂立條約其大致如左

A　爲保全俄國水師在中國海岸有足爲可恃之地中國將旅順口大連灣暨附近水面租與俄國以二十五年爲限惟此項所租斷不侵中國皇帝主此地之權

B　俄國得在所借之地設置軍備

C　界內華民如有犯案送中國治罪

D　由東方鐵路至大連灣及遼東半島准俄國建造鐵路支線

日俄戰爭以後俄以租借權讓於日本其和約中關於租借地者如左

A 俄國政府依中國政府之允許允將旅順口大連灣並其附近之領土領水及租借權內之一切權利轉移於日本政府（第五條）

B 俄國政府允將長春寬城子至旅順口之鐵路及其一切支路並在該地方之鐵路附屬之一切權利財產以及在該處鐵路內附屬之一切煤礦或爲鐵路利益起見所經營之一切煤礦依淸國政府允許者不受代價均移讓於日本政府

日俄和約既成中國乃與日本訂滿洲善後條約（光緒三十年十一月）如左

A 中國政府將俄國按照日俄和約第五欵第六欵允讓於日本之一切槪行允諾（第一欵）

B 日本政府承允按照中俄兩國所訂借地及造路原約實力遵行嗣後遇事隨時與中國政府妥商釐定（第二欵）

自是以後俄之租借權遂移轉於日本更許以建築安奉鐵路之利益（附約第六欵）日本遂得聯絡滿韓爲一氣復於民國五年展長租界期限顯有久假不歸之意矣（參觀民國五年五月中日展長旅順借地南滿安奉鐵路期限公文註三）

丁性存

五　威海衛租借條約

英國以對抗俄國之故乃要求租借威海衛其條約之要領如左

A　英國按照俄國租借旅順之期租用劉公島並在威海衛灣之羣島及威海衛灣沿岸以內之十英里地方以上所租地方均歸英國管轄此外自格林尼址東經一百二十一度四十分以東之海岸及附近均可由英國擇地建築砲臺駐紮兵丁或其他防護之法並可出價購地以爲經營交通建設病院之用以上地界內仍由中國管轄治理英國並不干預惟除中英兩國兵丁之外不准他國兵丁擅入

B　在威海城內駐紮之中國官員仍可在城內各司其事不得與保護租地之武備有所防碍

C　租與英國之水面中國兵船在局內局外均可享用

D　不可將居民迫令遷移產業入官

六　九龍租借條約（即展拓香港界址專條）

英以法之將借廣州灣也乃謀占九龍以爲東洋之大根據地其條約之要旨如左

A　所借之地以九十九年爲限歸英國管轄

B　在九龍城內駐紮之中國官員仍可在城內各司其事惟不得與保衛香港之武備有所妨碍

C　仍留附近九龍城原舊馬頭一區以便中國兵商各船渡船往來停泊

D　不可將居民迫令遷移產業入官

E　租界地內之大鵬灣深州灣水面中國無論在局內外均可享用

七　廣州灣租借條約

法自德租膠州以後卽欲租借廣州灣以擴張東方之勢力因以兵力迫我遂與訂約其要領如左

A　中國將廣州灣租與法國爲停泊貯煤之所定期九十九年

B　所有租界內水面均歸入租界內管轄其未入租界者歸中國管轄

C　中國船舶得在磠島與東海之間任便往來停泊並勿庸納鈔徵稅

D　租借期內所租之地全歸法國一國管轄安分華民仍可照常居住不可遷移華民物業

丁性存

仍歸華民管轄

E　中國商船在新租界灣內如在中國通商口岸一律優待辦理法國可立定章程並征烟船各鈔（此係專指廣州灣內水面而言）

F　自雷府屬廣州灣地方赤坎至安舖之處准法國建設鐵路電線

一　領土租借之性質

領土租借之性質學者議論紛歧而關於卜斯尼亞赫格維那及楷潑拉斯之學說尤不一致今舉其重要者如左

甲　領土割讓說

歐洲學者多以卜赫二州爲奧匈之領土其住民即爲奧匈之人民近時羅崙司對於我國之租借地亦持此說謂租借者不過外交上之飾詞實則割讓而已

乙　委任統治說

就卜赫兩州條約而論此二州仍爲土國領土之一部分其住民即爲土國人民唯土國因條約之結果不能行使其主權而已奧匈之管轄該兩州之行政實由歐州諸國人所委任

故其住民在二州以內則服從奧匈之主權若離此二州則仍從土國之法令受土國之保護此說爲瑪丁蓋夫根 Geffcken 所主張

丙　特別制度

此說謂租借非割讓也故卜赫二州爲土國領土之一部其住民爲土國人民此與委任統治說相同惟委任統治則謂奧匈因委任而行使土國之統治權此則謂奧匈因獲有監理及行政權之結果行使自國之統治權耳如卡爾佛 Calvo 伯倫知理 Bluntschli 皆主張此說者

學說之不同如此就事實上觀之奧匈之於卜赫二州不但無期占領且於該地徵集人民組織兵隊幾與割讓無異然就法律上論之謂之割讓固不可謂之委任亦不可至於我國租借地就條約而論其特別之點有四

一　多明言不侵我之主權

二　租借期間有一定之制限

三　租借地內不礙租借之目的仍許我國行使主權

丁性存

四　因租借國之必要而爲租借

由是觀之既非領土割讓亦非委任統治然就事實觀之實與租借國之領土無異久假不歸即據爲已有觀乎奧匈合併卜赫二州之事（一九〇七年奧土條約）可引爲殷鑑矣

二　領土租借之結果

領土租借與割讓異故租借國使用管理其土地出租國有承認之義務租借國不能變更領土之所屬唯領土所屬國之主權在條約之範圍以內須受制限在租借地之住民不變更其國籍在租借地內一方服從所屬國之法令一方服從租借國之法令若一旦出其區域即脫離租借國之管轄

租借國在條約之範圍以內得於租借地行其法令出租國國內之法令可否適用於租借地當視法令之性質而有區別其法令之以領域爲限者則不適用於租借地

第三　通商口岸

自西力東漸我國既不能堅持閉關主義而又不敢純用開放主義於是有調和此二者之主義出焉所謂通商口岸是也就通商口岸之中劃一定之區域而使一國或數國之人民居住於此其管

理權操諸外國者謂之租界（註四）

據條約而論外國人民在通商口岸有居住往來貿易租地建築從事工業製作之權利然其土地仍爲中國之領土（註五）然中國之主權往往不能及於租界其著者如左

一　行政權之限制　租界以內由外人自設工部局或巡捕局中國之行政權遂不能及於租界

二　司法權之限制　外國人因有領事裁判權故租界內之外人不受中國司法權之支配然如上海則有會審公堂租界內之中國人亦幾脫離中國之支配矣

三　立法權之制限　租界一切法令悉由工部局或巡捕局發布至於居住其內之外國人民悉由本國領事約束故管理租界內外國人民之法令悉由其本國領事酌定中國官吏惟有核定之虛名而已

第二項　獨立權對於國內外國船舶之作用

第一　對於商船之作用

一停泊於領海內者

一國商船停泊於他國領海當服從其領海所屬國之司法權及警察權但船舶雖在外國領

海而在船舶以內之人員應仍受其其本國法之支配及其本國之保護是以各國所採之主義畧有歧異

甲　屬地主義

此主義絕對維持其領土權十九世紀初以前爲各國所採用英自法朗克尼號事件（The Eranconia）事件又名the Queenv Keyn（註六）以後於一八七八年發布領水條例Trritorial water Jurisdiction Act 凡在英國之領海內卽由英國領土之海岸至三海里之水面上凡有犯罪者不問其犯人爲內國人爲外國人其犯罪在外國船內或內國船內英國裁判所皆有管轄權此種主義在理論上固爲正當然對於領海內之外國船舶其船船所生之事件不論巨細皆由領海所屬國干涉易滋外交上之紛議且有所生之事領海所屬國即不干涉亦無危害者是以自十九世紀之初以來屬地主義稍加制限領海所屬國對於外國商船非有害於自國之利益者不行使其裁判權法國首先採用之故稱爲法國主義

乙　法國主義

就法國主義之原則言之外國商船之在法國港內者非紊亂法國港灣之秩序或由其船船求援助者對於外國商船內人員相互間之犯罪不得行使裁判權（註七）法國主義實際旣甚便利且經必要之程序仍得行使主權故除英國而外爲各國所採用

一國之主權及於在領海內之外國商船此原則也故如有承認奴隸之國家其船船搭載奴隸入不承認奴隸國之港灣所屬國當如何處理是一問題也就慣例言不承認奴隸之國家得以奴隸作爲自由人待遇其官憲得容納奴隸之要求有適用其法令處理之責任如一八七二年日本之處置秘魯瑪耶西船一事是也「註八」至不承認奴隸之商船在承認奴隸國之領海內奴隸之逃入船內者不得妄加庇標地方官憲得要求交還逃避者强制逮捕

二　經過領海時

外國商船之經過領海者較諸停泊領海內者其關係尤薄故除有特種事情以外對於船舶內之各事領海國無須干涉也英國自法郞克尼號事件以來遂有領水條例依該條例英國裁判所之管轄權得及於經過領海之外國船舶然學者多反對之例如赫夫德則謂

凡到一國港灣內或其水面之一切船舶以服從其國之警察規則航海規則裁判管轄權為原則但經過水面之船舶及因天氣不得已而通航之船舶關於民事之裁判管轄不在此例麥瑟Masse伯倫智理等亦主張此說近今國際貿易日盛一日輪船往來不絕如梭為領海國及航行船舶計固宜適用此主義然如私行漁獵潛脫關稅傷陸上之人命及危害其他公安或在領海內對於他國船舶有不法行為者自當從領海所屬國之審判權

第二　對於軍艦之作用

外國之軍隊非有一國政府之許可及特別之條約以不得入其領域為原則軍艦則不然在一國領海之中為國際航海所必要之水面與商船通行對于有親睦交際之國得許其軍艦出入港灣惟一國因政治上或國防上之理由對於外國軍艦得閉鎖一切港灣或指定港灣於一定之時間加以封鎖各國之於軍港皆禁外國船舶進口其他入港灣之河道運河非有特別許可或以條約規定者外國軍艦不得隨意航行

我國嘗與法國訂約許其派撥兵船在通商各口地方停泊「咸豐八年中法條約第二十九欵規定大法國皇上任憑派撥兵船在通商各口地方停泊彈壓商民水手俾領事得有威權」此

丁惟存

例外也一國領海內關於外國軍艦出入停泊之制限固較商船爲多然享有種種特權在外國領海內之外國軍艦以不服從領海所屬國之主權爲原則故軍艦與商船有區別之必要而何謂軍艦則又不可不確定者也

一 軍艦之性質

軍艦者屬於一國之海軍構成海上戰鬥力一部之船舶也如戰鬥艦巡洋艦驅逐艦水雷艇其爲軍艦固無疑義軍艦須懸掛國旗軍艦旗以表章其性質且必有現役海軍將校指揮但懸掛此種旗章之船舶是否皆爲軍艦尙有異論故有主張於上列二種條件以外尙須調查其任務如果爲其所屬國海軍之一部足以代表兵力行使公權者始得謂之軍艦

二 軍艦之特權

軍艦爲其所屬國軍力之一部在國外代表國家其艦長任代表之責是以在國際法上當受特別之待遇

軍艦有特權之理由其說不一（一）謂軍艦爲一國領土之延長（二）謂軍艦爲代表主權（

（三）謂軍艦爲一國之兵力故不能服從他國之主權第一說不合於理論也第二說第三說觀察雖異而歸宿則同故並採之

軍艦之特權依多數學者之說分爲二種（甲）不可侵權（乙）治外法權

甲　不可侵權 Inviolability

軍艦爲一國軍力之一部對外代表國家故無論在公海或外國港灣均不受外國官吏之干涉不服臨檢搜索及其他權利行爲而受相當之尊敬禮遇此謂之不可侵權軍艦之代表艦長是也艦長之行爲不得因有不可侵權而即不負責任唯對於軍艦所屬國以外不負責任而已又軍艦如在外國港灣有不法行爲或有敵對行爲者其所在國因維持安寧秩序得取相當之手段

乙　治外法權

治外法權 Exterritoriality 者出於所在國之恩惠許外國之人與物之在其領域內者免其服從自國之法權是也其不服從法權之範圍有一定之制限軍艦所享有之治外法權如左

一　司法權管轄之免除

丁性存

一國之法權不能及於在領海以內之外國軍艦故軍艦以內之船員在艦內之不法行爲及犯罪行爲悉服從軍艦所屬國之法律及裁判權艦內之犯人緑非艦員而爲軍艦所在國之人民亦然然就實際言之軍艦所在地之人民如非軍艦內之人員而在軍艦內犯罪者每由艦長以犯人交於所在地之警察或司法官審判此爲通例至軍艦之人員有於上陸時犯罪者當從何國之裁判權此學說之最紛歧者也

甲　船員離艦失其治外法權

乙　視其上陸之職務而有區別（一）因公而上陸者當服從軍艦所屬國之法律及裁判權若出於上路許可之範圍以外或並未表示其爲船員者則不在此例（二）因私而上陸者當從所在國之法律及裁判權然實際每以犯罪者交還所屬軍艦請其處分艦長於處分之後以其結果通知所在國之地方官吏

軍艦不服從所在國之司法權軍艦內又爲所在國之司法權所不能及然所在國之海上警察規則檢疫規則其他關於航行之各種規則不可不服從之至於出領海之際除航行上必要以外不可測量而其停泊之須受期間之制限又更不待言也

二　軍艦之庇護權

軍艦之有無庇護權無一定之說然就實際而論犯罪人之逃入軍艦者或依條約請求或經艦長之許可而移交捨此則無取還之策要非謂軍艦可以庇護罪人因艦內不許所在國行使法權故有此結果耳犯人以外又有所謂亡命者此非犯罪人而又非不忠於國家不過政治上一時處於劣勢之地位者也軍艦得以收容蓋爲維持人道計也就我國與各國之條約言之凡中國人在中國犯罪逃亡負債者潛匿在中國水面之外國船上一經中國官吏照請卽應將犯人交出不得庇護掯留

三　軍艦之租稅免除

軍艦之入外國領海入港稅及關稅皆當免除此等被免除之權利及於軍艦之小艇及其他附屬物惟如蘇彝士運河之通航稅及其使用私立公司之營造物須出價金者則不能豁免

第三　對於有特種任務船舶之作用

普通船舶以不有特權爲原則然如係一國之主權者或其代表者所專用之船則與軍艦一律

丁性存

享有特權故在外國領海不受司法權之執行並免除各種租稅

又船舶不論屬於國有或私有凡供國家之公用者謂之公船公船本不能與軍艦有同一之特權然實際上每以條約或臨時之承諾許以特權純粹之郵政船多以條約許以特權若從事營業之國有或公有之船舶卽使懸一定之旗章亦不得享有特權

第三項　獨立權對於在國內人民之作用

第一　外國人之權利義務

一國在其領域以內得行使絕對無限之權利任意制定法令支配在領域以內之人民然外國人不過因在其版圖內乃服從其土地之主權非可與自國人民視同一律故外國人民之權利義務雖從所在地之國法而自國人民所有特種之權利義務非外國人所應有也

外國人民移住於我國或避難至我國者有庇護之權利其來奔者當離所屬國時或有犯罪行爲者不論其犯罪之性質如何收容與否悉聽自由旣令入境以後其對於外國之行爲卽有監督之責任若因監督不力因是而被危害之國家有要求放逐之權利然無特別之條約者則不能請求執交

第二　外國人之入國及放逐

國家有絕對無限之權力故得禁止他國人民入國然近世以來文明各國圖世界共同之利益謀國際交通之便利凡無條約國之人民苟無害於自國之安寧秩序從事於平和之業務者以不拒絕往來爲原則對於有條約國之人民更不待論

國家有拒絕或放逐外國人之權利固爲國際法所許然非可濫行排斥故一八九二年國際法協會議有一定之條件其大旨以有碍國內之公安秩序者乃許拒絕或放逐

第三　犯罪人執交（引渡）Extradition

一國以在他國之管轄內犯罪而逃入自國者經有處罰權限之國家請求而逮捕其犯人交於請求國是謂犯罪人執交其應執交與否恒以條約定之一國欲維持其公安雖得使犯法者無可倖免然其司法權不能及於他國之版圖故犯罪人之逃往他國者必須由他國執交其有條約者即從條約處置無條約者可否要求執交學說不一

甲　積極主義　經外國請求時國家有執交之義務　法奧伊西葡俄瑞士丹麥墨西哥秘魯等國採此主義然實際祇限於重大之犯罪且非以此爲法律上之義務

丁性存

乙　消極主義　無條約卽無執交之義務有時或有執交者多出於便宜與道德而已如英美主義是也

主張積極說者以犯罪者不但違反一國之法令且動搖社會生活之基礎貽害於人類全體凡遵守國際法之國家自不可不協力鎭壓且各國防遏犯罪有共同之利害犯人如逃出領域以外卽可免罪犯罪之數勢必增加故遇有他國請求執交罪人者自不可不應其請求

主張消極說者謂同一行爲甲國以爲犯罪者乙國未必以爲犯罪且犯罪非必動搖社會生活之基礎貽害於人類之全體就實際言之無條約而交犯罪人者亦不多見其執交者亦離乎國家之權利義務之關係而出乎國際禮讓之精神者也近世國際交通發達犯罪人之逃匿於外國者日多以是乃覺請求執交之必要遂有以條約轉明一定之條件而許執交者就原則論無條約者固無執交之義務

第一　可執交之犯罪人

犯執交條約中所指定之罪而逃入自國者皆得執交然設有自國人在外國犯罪而逃歸者可否執交各國主義不一

甲　英美　犯罪人爲自國人民亦許執交

乙　法德等大陸諸國　以不執交爲原則

主張自國人不執交者蓋以自國人必歸自國審判機關審判此爲屬人主義時代之觀念而不適於現今之時勢者也近世以來以屬地主義爲公法上之原則限於維持公安所必要者乃採屬人主義此例外也以我國之法律言之不但中國人在外國爲犯罪行爲者須適用中國法外國人在中國犯罪者亦有適由中國刑法之規定（刑律第三條至第五條）然在外國犯罪者不論國藉如何不能處罰設自國人之犯罪者不許執交則此種犯罪人卽無由處罰矣自國人之不執交於外國不外曩日不信用外國審判之餘習然由理論上言之犯罪者不論國籍如何以歸犯罪地所屬國審判爲正當蓋若是則蒐集證據調查情狀均較便利且可使違背法令者無漏網虞也故不論犯罪人之國籍自以執交爲宜

我國與各國向無犯罪人執交條約各國通商條約中雖載有執交逃犯之欵簡而不全缺點甚多試述其大要如左

（一）　外國人有如左之情形者應執交於外國

丁性存

甲　在中國水面上之外國船舶內之逃亡者

乙　在中國通商口岸犯罪而逃往中國內地者

（二）　中國人如有左之情形應執交於中國

甲　在中國犯罪而逃往在中國領土內之外國人民廨所內或中國水面之外國船舶內

在中國領土以內犯罪者本應受中國法律之支配何以須用執交之手續此領事裁判權之結果也

關於執交犯罪人之條欵如左

中英和約	咸豐八年 一八五八年	第二十一欵
中法和約	同前	第三十二欵
中美和約	同前	第十八欵
瑞與挪威商約	道光二十七年 一八四七年	第二十九欵
中丹商約	同治二年 一八六三年	第二十一欵

中荷商約	同前	第六欵
中國與日斯巴尼亞商約	同治六年一八六七年	第十八欵
中比商約	同治四年一八六六年	第四十三欵
中義商約	同治五年一八六六年	第二十二欵
中日商約	光緒二十二年	第二十四欵
中巴商約	光緒七年一八八一年	第十欵
中葡商約	光緒十三年一八八七年	第四十五欵
中墨商約	光緒二十五年一八九九年	第十四欵
中瑞商約	宣統元年一九零九年	第十一欵

丁性存

乙　中國人之犯罪者如逃往外國外國有無執交之義務各國條約不同當分述之

一　條約上明言執交者　如法領越南英領香港緬甸葡萄領澳門是也

中法會議越南邊界通商章程（光緒十二年）第十七欵中國邊界某某通商處所倘有中國人民照中國律例無論犯何罪名逃入法國人或法國所保護人民之寓所或商船隱匿者地方官照會領事查明罪由即設法拘送中國官審辦至中國人民因犯法逃往越南由中國官照會法國官訪查嚴拿查明實係罪犯交出照法國與別國所定互交逃犯之約最優之章辦理其法國人民及法國保護之人犯法被告逃往中國者法國官照會中國官查明實係罪犯設法拘送交由法國官審辦彼此不得稍有庇匿

中英和約第二十一欵（咸豐八年）中國人民因犯法逃在香港或潛往英國船中者中國官照會英國官訪查嚴拿查明實係罪犯交出通商各口倘有中國犯罪人民潛往英國船中房屋一經中國官員照會領事即行交出不得匿隱袒庇（香港議事局另有交解華人逃犯章程）

又中英續議緬甸條約第十五欵（光緒二十年）英國之民有犯罪逃至中國地界者

或中國之民有犯罪逃至英國地界者一經行文請交逃犯兩國卽應設法搜查有可信其爲犯罪之據交於索犯之官行文請交逃犯之意係言無論兩國何官只要有官印便可行文請交此種請交逃犯之文書亦可行於罪犯匿住之地最近之邊界官

中葡條約第四十五欵（光緒十三年）交犯一節除中國犯罪民人有逃至澳門地方潛匿者兩廣總督照會澳門總督卽由澳門總督仍照向來辦法查獲交出外其通商各口岸有犯罪華民逃匿大西洋國人寓所及船上者一經地方官照會領事卽行查獲交出大西洋國官員照會中國地方官亦卽查獲交出不得延遲袒庇

二　條約上不明言執交者　彼此雖可請求執交然不能謂有執交之義務

又政治上之犯罪人自十九世紀以來各國實例以不執交爲原則其理由如左

一　政治犯之爭奪政權惟於其本國政府危險而已對於他國無何等之危害

二　非如普通犯罪有可惡之性質且出於神聖高尚之理想故他國不能視爲犯罪

三　如作爲犯罪人而執交設其黨派他日占有勢力執交國於國交上必立於不利益之地位

近年以來此種思想漸生變遷遂有排斥非執交主義者其說如左

一　各國之國體政體風俗民情各異各因維持其公安設必要之法令故違犯之者不拘國籍如何必當處罰其危害政府國家之生存而犯重罪者尤不容赦在通常之犯罪者尚許執交而政治犯獨否是矛盾也

二　謂政治犯無國際共通之危害者僅注目於自國之安寧秩序不知一國之擾亂滅亡即爲國際團體之危害且往往有重大之影響及於他國故各國對於政治犯有聯帶之利害關係

政治犯罪有與普通犯罪俱發者即關聯政治犯是也關聯政治犯以政治爲目的而以普通犯爲手段故就客觀言之政治犯之與普通罪俱發者其所犯之普通罪與其目的無關者即可以普通犯罪人論易詞言之非直接關係於政治目的之犯罪即可視爲普通犯罪也此種犯罪人可否執交學說及實際尚未一定一聽各國爲權宜之處置如採用執交主義者則得要求左記條件

甲　須由受執交者保證公平判決

乙　不可因政治上之理由加重刑罰

丙　須依普通之訴訟程序

第二　可受執交之國及其執交之程序

丁性存

關係於二國以上之犯罪人如由關係之各國同時請求執交此犯罪人當交付於何國是重要之問題也一八八〇年奧克斯福特萬國國際法學會決議如左

甲　關於同一行爲有多數之國請求執交時當執交於犯罪地所屬國

乙　因相異之犯罪行爲而要求執交同一之犯罪者當執交於認爲犯罪重要之國

丙　犯罪之輕重不分明時由執交國隨意酌定

執交之程序各國法規不同可分三種

（一）英國主義　犯罪人之應否執交由司法官決定而由行政官執行

（二）法國主義　由行政官決定而執行之此歐洲大陸各國所通行者也

（三）比利時主義　先由司法官審查而決定之權仍在行政官

犯罪人既許執交應將該犯罪人送至國境交於請求執交國之代表者蓋請求執交之國家不能在他國之版圖內爲警察上之行動也其國境不相接者如須經過第三國領土時須先得第三國之許可

關於執交之一切費用由請求國負擔惟在執交國版圖以內所需之費用現今多由執交國負

擔

第三　執交之效果

執交之後在法律上受執交之國家祇能就爲請求執交時言明之犯罪對於犯罪人加以審判而已然未嘗無例外也

（一）　被執交之人在執交以後所犯之罪

（二）　執交之國家合意時

（三）　被執交者承諾時

（四）　被執交者經處罰或放免離去後或又歸來時有請求原因以外之犯罪

第二款　獨立權在國外之作用

第一項　對於在外國之人民

各國在其國內可以行使絕對之主權然對於在外國之外國人以無管轄權爲原則然自國人之在外國者尚未脫離人民之關係故須使之服從自國法且與以一定之保護

第一　對於在外國之外國人

丁性存

歐洲多數國內法有規定外國人在外國領域犯罪須歸國內審判者此種規定國際法上果爲正當與否非無議論之餘地一八七九年萬國國際法學會之決議如左凡國家對於在領域外之外國人有違反自國刑法之行爲者得以處罰但其行爲限於危害其國之社會之生存安全者且爲行爲地之刑法所不處罰者此由法律上言之固非不當然以此規定於國內法其效力甚弱故不如明訂於條約之爲愈也

第二　對於在外國之自國人

自國人在外國時有服從自國法之義務政府卽有保護之責任例如本國人之至外國旅行及移住等事國家特設管理之法是也自國人民之在外國者國家既有保護之責故每以條約規定保護之條件其無條約者則依國際法一般之原則至保護之方法則依事實而異非可列舉然亦不外由所屬國之外交官或領事採相當之手段求救濟之策而已

第三　在外國軍隊之特權

一國軍隊之在外國者或因暫時通過或因同盟之關係助其戰守或因保護在外人民駐屯於外國大多以條約定其待遇之法條約所未載者依一般國際法之原則處理要之軍隊之在外

國者以不服從所在地方之法律爲原則

一國有絕對之主權得以絕對禁止外國軍隊通過駐屯若既許其入國則不可不認軍隊之特權

第二項　對於在外國之船舶

軍艦在外國領海有治外法權前已言之矣茲專論商船分述如下

第一　對於自國商船之在公海者

以服從自國主權之管轄爲原則

第二　對於自國以外之船舶在公海者

除戰時交戰權作用而外以不受他國之管轄權爲原則但有例外

一　由領海內追捕

船舶有在一國領海內搭載罪人而逃逸者或爲違反法令之行爲者領海所屬國得由領海內追捕其船舶已離領海者亦可於初離領海時卽行追捕猶國內法之逮捕現行犯也若脫離領海爲日已久已至船舶所屬國領海或入第三國領海追捕權卽爲終了

二　船舶衝突

在公海衝突之外國船舶得歸一國有管轄權此一般所公認惟各國之主張亦有差異法國主義　法國船被外國船衝突者兩船皆屬外國被衝突船在法國審判廳起訴且其賠償須在法國支付者又兩當事者合意服從法國審判廳管轄者皆由法國審判廳管轄之英國主義　不論其衝突地及國籍被告之船舶或其所有者在英國時英國審判廳有管轄權

義國主義　被害船舶或乘員因檢査其損失或爲必要之修理而入港時其最初避難港之審判廳有管轄權葡萄牙亦然

三　海賊船

無國家之許可或命令而在海上或沿岸爲暴行掠奪者曰海賊海賊所使用之船舶曰海賊船海賊雖多以奪取船舶貨物爲目的然僅有暴行而無掠奪之行爲者亦海賊也海賊往往在公海然在沿岸出沒者亦海賊也

海賊無國家之許可命令而爲掠奪暴行故屬於一定之國家在所屬國國旗保護之下者非

丁性存

國際法上之所謂海賊指凡交戰國之軍艦或其私掠船在海上行使捕護權者非海賊行爲惟一國船舶在海上航行時設爲叛徒所占有則因該船失國旗之保護亦得作爲海賊船待遇

國際法上之所謂海賊與國內法上之所謂海賊不必相同故其制裁亦異國際法上之所謂海賊爲各國之公敵故無論何國可以處治國內法上之海賊非有此法規之國家不能處罰故前者不能執交後者得以執交

海賊爲國家之公敵故無論何國不能加以保護各國軍艦在公海皆有逮捕權即由逮捕海賊之軍艦按本國之法律審判海賊被追而逃入他國領海者發見之軍艦無追捕之權然亦有例外如咸豐八年中英續約第五十二款規定英國師船別無他意或因捕盜駛入中國無論何口一切買取食物甜水修理船隻地方官妥爲照料船上水師各官與中國官員平等相待是也

海賊非經審理以後不能處分惟逮捕時因正當防禦起見得以殺戮擊沈海賊經審理之後多處以死刑然未犯殺人罪者非必處死刑

丁性存

第三章　自衛權Right of self beferce

第一節　自衛權之性質

國家得用一切之手段以維持其生存此爲自主獨立之結果有妨碍其獨立或危害其生存者自當有正當防衛之權利猶個人對於急迫不正之侵害得以行使正當防衛權也然個人之自衛權惟限於受不正之侵害且其危險迫於目前許被害者對於加害者行使此權至國際法上之所謂自衛權則不然國家之權利利益有被他國侵害之虞而危及自國之生存者得進而侵害加害國以外之國家此之謂自衛權嚴格言之與其稱爲權利不如稱爲無責任之行爲也惟一般學者既多稱爲權利徵之國際事例亦多認爲權利行爲故仍作爲國家之權利說明之（註十）

第二節　自衛權之發動

國家因自衛計得用各種手段以保護其獨立安全故有緊急之危難不遑採用他種之方法時得用實力排除其危難又危難之程度雖未迫於目前而因預防危難之發生亦得强制他國爲相當之處置前者通常謂之自衛權之發動後者認爲干涉此二者皆爲侵害他國主權之行爲故其責任如何學者間大有議論

第一款　自以實力防止危難

第一　直接對抗欲加危難者

一國對於他國之領土以不得侵害為原則然設有憑籍他國之領土以攻擊我者其攻擊急迫或因其他事由不遑請求該領土所屬國或請求亦無益時因受攻擊而瀕於危險之國家自進而入於他國之領域以實力排除其危難此種行為侵害他國之主權本有抗敵行為之性質然因出於緊急之必要且無敵對之意思故不但不認為抗敵行為且有認為無責任之行為者如英之霍爾以此種行為為行使自衛權惟須具備下列之二要件（一）其危害須重大而係直接者彼欲加危害者所利用之領土所屬國即欲鎮壓而為實力所不及時蓋攻擊者所欲利用之土地所屬國其主權固不免稍被危害然因友誼上之關係甯忍受之使受危害之國家免於危害故須認定領土所屬國有此種意思乃許有此種行為（二）其行為為自衛之目的上所必要不可缺者

一八三七年英美間之卡羅林事件 Case of the Caroline 有認為行使自衛權者其詳如下

是年十二月英國平定加拿大內亂以後亂黨之一部集於美國尼瓜拉河 Niagera 附定之

尼佛島 Navy Island 募集軍隊蒐儲兵器粮食以謀再舉雖紐約及維孟特兩州禁止人民干與然其人民頗表同情於亂黨以美船卡羅林號供其使用亂黨欲搭載是船侵入加拿大爲英所偵知乃遣兵入尼佛島遂於美國沿岸攻擊卡羅林號舉火焚之投諸尼瓜拉瀑布美國因是向英抗議謂英侵害美之領土主權苟非證明迫於自衛之必要且其危險係緊急而又重大不遑選擇他種手段且並無從容考慮之時間則不能免責任縱令其行爲出於自衛上之必要而究竟是否超過必要之範圍故非證明事實上無過度之行爲仍不能免責任英政府乃承認行使衛權之見解與美一致關於拿捕卡羅林之問題經英國證明確係合於自衛必要之程度美以英之答復爲滿足此案遂告終結此種先例英國學者固多認爲正當然法國學者則以是爲違法蓋恐野心之國家往往假自衛之名以行其侵略之計致國際秩序因之破壞也（註十一）

第二　對於被欲加危害者所利用之第三國

英之霍爾謂行使自衛權而對於有親睦關係之國或中立國加以侵害行爲者不能課以責任例如甲國之領土或艦隊有將被乙國利用之情勢且利用之意思已極顯著時若甲國無防止

其利用之實力或並無禁阻之意思則丙國將因是而受重大之危險爲自衛計得占領甲國之領土或其艦隊惟因此種行爲侵害他國有敵對行爲之性質必係限於爲自衛計必要不可缺時乃得爲之且對於因是而被損害之國家有賠償之義務一八〇七年之英國押收丹抹艦隊事件多認爲此種行爲之好例其詳如下當是時丹抹有優勢之艦隊並富於製造軍艦之材料然德意志北部爲法國軍隊集中之點非丹抹陸軍所能抵禦且據英所偵知丹法所訂鐵爾璽條約附有秘密條款謂法若與英戰得利用丹抹艦隊設丹抹果履行此約英甚危險勢不得不分地中海大西洋及印度洋之兵力以防英蘇之沿岸因是亟命艦隊入丹抹要求丹抹政府將其艦隊暫歸英國保管丹抹以英國此種舉動爲抗敵行爲遂至以干戈相見然在英國方面則認爲係自衛權之發動也（註十二）

第二款　干涉 Intervention

一國違背他國之意思拘束其對內對外之行爲是謂干涉故因免除自國之危害強制他國爲違背其意思之措置亦爲干涉是以受干涉之國家得以拒絕或以是爲戰爭開始之原因亦無不可

丁性存

昔以干涉爲國家之權利自國家之觀念與國際團體之性質明瞭以來則以干涉爲侵害國家獨立權之行爲不得稱爲權利故以非干涉爲國家之義務苟有一國因保持其獨立安全或免除緊急危難至不得不干涉他國之內治外交亦係出於不得已之無責任行爲而非其本來之權利也

國際法上以非干涉爲國家之義務惟因自衞權之發動而干涉者多認爲正當然遇有如何之情事始可認爲出於自衞而有干涉之必要實爲困難之問題也

就國際事例而論每有藉口於左列各種原因而行使干涉者

一　有因圖宗敎之自由而加以干涉者

二　有因維持均勢而加以干涉者

三　有因他國之法令政體於自國有危險而加以干涉者

四　有因他國之求援而干涉者

然此皆不法之干涉乃顯而易見者也（註十三）

第三欵　孟魯主義 Monroe Doctrine

一八二三年美總統孟魯 Tomqs Monroe 以反對神聖同盟之故乃於國會發表其政策卽世所稱爲孟魯主義是也今摘譯其大旨如左

合衆國以與西班牙葡萄牙兩國之殖民地有密切之關係故對於此等殖民地之變遷時加憂慮合衆國人民希望棲息於大西洋東方之同胞享受自由及幸福無異於自國人吾人從未干涉歐洲諸國之戰事且爲我國之政策所不許唯關係西半球之動作於合衆國有直接之關係者或東半球之人有欲向西半球擴張新勢力者是害及合衆國之平和安寧者也又合衆國對於歐洲諸國在亞美利加之領土不但現在不加干涉將來亦決不干涉唯既宣言獨立且爲合衆國所承認之國家歐洲諸國若欲加以壓迫侵其版圖是卽對於合衆國有破壞友誼之行爲吾人誓當以兵力與之周旋也

此種宣言不過爲美國外交政策之一種方針可名之爲非干涉主義然就實際而論亦可謂之干涉主義例如一八六六年之妨碍法軍入墨西哥一八八一年阻止智利併合秘魯之領土及以巴拿瑪運河歸美國所監督是也國際聯盟條約第二十一條聲明孟魯主義不與聯盟規約抵觸（原文如下凡國際協定例如仲裁條約或關於地域之默契如孟魯主義以維持平和爲目的者

均不認爲與本約規定相抵觸）但在國際法上之價値如何則尙有議論也

註一　按民法上之地役權係以他人土地供自己土地之便宜爲目的故無論要役地或供役地分割或轉讓一部時其地役權仍繼續存於各部之上惟限於要役地或供役地滅失時則地役權因之消滅如以條約上所規定之各種義務認爲地役則與地役權之性質不能相容且此種條約上之義務本非有永久之性質若認爲地役權則非要役國或供役國一方消滅此種義務將永無消滅之日

註二　關於膠州灣之各種文件

日本聲明交還膠州灣之文件（民國四年五月）

日本政府於目下之戰役終結後膠州灣租借地全歸日本國自由處分之時當按照下列條件以該租借地交還中國

一　開放膠州灣全部作爲商港

二　在日本政府指定之地區設置日本專管租界

三　如各國希望共同租界可另設置

四　此外關於德國之營造物及財產之處分並其他條件手續等當實行交還之先日本政府與中國政府應行協定

中日山東條約（民國四年五月）

一　中國政府允諾日後日本國政府向德國政府協定之所有德國依據關於山東省之條約或其他關係對中國享有之一切權利利益之讓與等項處分概行承認

二　中國政府允諾自行建造由烟台或龍口接連於膠濟路線之鐵路如德國拋棄烟維鐵路借欵權之時可向日本國資本家商議借欵

三　中國政府允諾爲外國人居住貿易起見從速自開山東省內合宜地方爲商埠

一九一九年歐洲平和條約關於山東之規定

第百五十六條

德國依一八九八年三月六日中德條約及其他關於山東省一切合同所取得之權利原及特權之全部並其他凡與膠州灣地域鐵路鑛山海底電線有關者德國政府允因日本而拋棄

丁性存

關於膠濟鐵路之德國一切權利（包含支綫及各種附屬財產停車場工場固定物件及車
輛鑛山鑛業所用之設備及材料等　）及與之附帶之一切權利特權均由日本國取得保
有

青島上海間及青島芝罘間德國所有之海底電線及與附帶之一切權利特權財產日本得
無報酬無條件取得之

一九二二年解決山東懸案條約第一節第一條日本應將膠州德國舊租借地交還中國乂
山東懸案細目協定第一章第一條日本國因按照解決山東懸案條約第一條之規定將膠
州德國舊租借地交還中國定於中華民國十一年十二月十日正午移交一切行政權移交
以後凡行政上一切權力及責任均歸中國政府

註三　關於旅大租借地南滿安奉兩鐵路之換文

爲照會事本日畫押之關於南滿州及東部內蒙古條約內第一條所規定旅順大連租借期
限展至民國八十六年卽西歷一九九七年爲滿期南滿鐵路交還期限展至民國九十一年
即西歷二千〇二年爲滿期其原合同第十二條所載自開車之日起三十六年後中國可收

回一節毋庸置議又安奉鐵路期限展至民國九十六年卽西歷二千〇七年爲滿期相應照會云云民國四年五月二十五日

關於南滿洲及東部內蒙古之條約第一條云兩締約國約定將旅順大連租借期限並南滿洲及安奉兩鐵路之期限均展至九十九年爲限

註四　通商口岸可分二種一基於條約而開放者基於條約而開放之口岸如道光二十二年中英條約第二欵內載自今以後大皇帝恩准英國人民帶同所屬家眷寄居沿海之廣州福州厦門寧波上海等五處港口貿易通商無礙英國君主派設領事管事等官住該五處城邑專理商賈事宜其後續開牛莊登州臺灣潮州瓊州（咸豐八年中英條約第十一欵）天津（咸豐十年中英條約第四欵）等處至前清光緒二十八年止凡以條約約定開闢之口岸甚多此種口岸由各國畫定界址界內之地畝許各國人民租借居住故稱租界日人稱爲居留地租界有由一國專管者如天津漢口之英法奧義日本各租界及上海之法租界其他如英之於鎭江九江營口日本之於蘇州杭州福州沙市重慶是也有由各國共同管理者如上海之公共租界及厦門鼓浪嶼之公共租界是也外人稱此地域爲C ncession

丁性存

有讓與之意或稱爲 Settlement　有殖民地之意租界以內之行政權全操於外人故事實上直無異於外國之殖民地講義中所論述者係指此項通商口岸而言自行開放之口岸係爲抵制租界而設如光緒三十一年開放之常德湘潭及三十二年開放之濟南周村濰縣又如湖口南昌亦在自開商埠之列（王揖唐所著上海租界問題論此甚詳摘其大要如下自開商埠爲變相之租界不過租界爲外人之原動力而自開商埠則我國之原動力原動力既異則辦法亦不能無異（中畧）論其性質本無異於租界故外人得以開設商店而各國亦復派遣領事惟租界政權在外人自開商埠則政權尙在本國也此與租界相異之點也其與吾國原有商埸相異者則有最顯著之二事一爲原有商埸不設海關一爲原有商埸不准外人營業原有商埸不准外人營業即條約所載內地不准開設行棧內地云者其初不過對於租界而言自有自開商埠之一例則內地又別於通商口岸而言蓋租界與自開商埠均爲通商口岸則均非內地可知此其與自開商埠異者一也海關（中畧）初立限於租界自開商埠之例行則以兼容外人之故必有土貨客貨之輸進輸出而稽徵之海關因亦建設原有商埠則無是也此其與於自開商埠異者二也（中畧）故中國自開商埠愈多就第一時期

言則外力侵入之地愈廣就第二時期言則國際均勢之局愈危又日人今井嘉幸著中國國際法論第三編外國行政地域論於租界之性質討論甚詳可供參考

註五　按咸豐八年中英天津條約第十一款如下　廣州福州厦門寧波上海五處已有江寧條約舊准通商外卽在牛莊登州臺灣潮洲瓊州等府城口嗣後皆准英商亦可任意與無論何人買賣船貨隨時往來至於聽便居住賃房買屋租地起造禮拜堂醫院墳塋等事並另有取益防損諸節悉照已通商五口無異　又第十二欵如下　一英國民人在各地方意欲租地蓋屋設立棧房禮拜堂醫院墳墓均按民價照給公平定議不得互相勒捐　光緒二十九年中美新商約如下　美國人民准在中國已開及日後所開爲外國人民居住通商各口岸或通過地方往來居住辦理商工各業製造等事以及他項合例事業且在各該處已定及將來所定爲外國人民居住合宜地界之內均准買賣房屋行棧並租賃或永租地基自行建造

據此等條約觀之卽外國人基於條約之規定許其在通商口岸享有租賃土地之權利而已上海租界初成立時由英法美等國設立工部局此非條約之所許因其時髮匪之亂方熾華人避難於租界者甚多外人乃藉此攬有警察權中國政府未暇顧及相沿既久遂無補救

丁性存

之策及光緒二十八年訂立中英新商約時有鑒於此故於該約第六款第十二節規定凡各國人在各該通商口岸居住者須遵守該處工部局及巡捕章程與居住各該處之華民無異非得華官允准不能在通商口岸之界內自設工部局及巡捕（此指依該約開放之長沙萬縣安慶惠州及江門各口岸）以圖收回租界之行政權惟光緒二十二年中日改訂通商條約以後又另訂四款其第一款曰添設通商口岸專爲日本商民妥定租界其管理道路以及稽查地面之權（按稽查地面四字日本譯爲地方警察）專屬該國領事此則直認外國領事於租界有一部分之行政權矣然據續議杭州日本專管租界章程第一條聲明專界者係以此地專爲日本商民之界專管者係日本領事專管界內商民之事而道路仍是中國道路土地仍是中國土地（按此語日本譯爲道路土地之所有權仍屬於中國）云云此項聲明在中國方面不僅指私法上之所有權並包含領土權且尤着重在領土權也蓋就訂立商約開放通商口岸之原意而論原不過許外國人民在各口岸有私法上之借地權與公法上之割讓截然不同且如同治七年中美續約第一條規定大清國皇帝按約准各國商民在指定通商口岸及水路洋面貿易行走推原約內該款之意並無將管轄地方水面之權一併議給

（按此即聲明租界主權仍屬中國決非割讓）嗣後如別國與美國或有失和或至戰爭該國兵官不得在中國轄境洋面及准外國人居住行走之處與美國人爭戰奪貨劫人美國或與別國失和亦不在中國境內洋面及准外國人居住行走之處有爭奪之事（按租界既屬中國領土故美國與他國發生戰事時租界之中立等於中國普通領土）有別國在中國轄境先與美國擅起爭端不得因此條欵禁美國自行保護（按此指美國在租界內被他國攻擊不失防衛之權）再凡中國已經指准美國官民居住貿易之地及續有指准之地或別國人民在此地內有居住貿易等事除有約各國欵內指明歸某國管轄外皆仍歸中國地方官管轄（按此因上海等處各國以設有租界卽似據爲已有中國地方官欲於租界內拘捕犯罪人往往爲外人所庇故聲明中國地方官有審判管轄權）云云是已明言租界無割讓之性質矣故就租界原有之性質而論本爲私法上之借貸關係（如蘇州之日本專管租界章程第八條規定租界地契約以三十年爲限期滿續租以後每三十年展租一次永以爲例又如英之於天津租界英政府之貸自中國爲永久租借貸於個人則爲九十九年事實上雖無異許外人取得土地所有權在名義上則爲永久借貸外國私人因條約之結果而在中國取

丁性存

得借地權其土地固仍屬於中國自應受中國之管轄惟因領事裁判權之關係於是租界內居住之外國人不隸於中國之管轄復以領事於裁判權以外攬有地方警察權於是外國政府又在租界以內行使公法上之權力致各處租界成爲外國行政地域此則由漸而來非訂約之初意也租界之性質如此故與租借地（如旅順廣州灣等）不同之點有七

一　租界與租借地均根據於條約訂約之雙方皆爲國家然就租借之關係而論租界之當事者一方爲中國政府一方爲外國私人故爲私法上之關係而租借地之雙方當事者則均爲國家

二　租界無一定之年限租借地則有一定之年限各國人民於租界租借土地雖亦有一定年限然設定租界之條約如果消滅則私人根據條約而取得之權利自亦歸於消滅（如中德戰爭以前之通商條約承認德在中國可設租界及開戰以後此條約消滅德國租界同時消滅歐洲和約第百三十二條規定德國承認放棄漢口天津之租地權並許中國在該地回復行使完全主權）至將來如因各國之同意改正條約收回租界外人之永久借地權應如何處置此爲政策上及立法上之另一問題矣

三　租界之目的在於謀通商上之便利租借地之目的在獲取軍事上之根據地

四　租界與租借地就條約而論皆聲明屬於中國之主權然中國對於租界僅得行使一部分之主權對於租借地則完全停止行使主權

五　租借地當承租國與他國交戰時失其中立之地位（如俄日戰爭時之旅順德日戰爭時之膠州）租界則不然（如俄日戰爭德日戰爭在中國之俄租界德租界仍爲中立惟中日戰爭以上海爲各國租界所在畫爲中立區域此例外也

六　租界有由數國共同管理者租借地則由一國專管

七　由各國之法令言之其視租借地與租界等於領土或殖民地惟於租借地則特設行政官吏以管轄之（如俄之於旅順則稱爲關東省特設總督統治與俄國屬地高加索西伯利亞諸領地相同日本繼租以後亦特設關東州都督府都督以下設民政部及陸軍部與日本曩在朝鮮之統監制度相同又如德之於膠州據一八九八年四月二十七日德皇勅令謂依一八九八年三月六日朕之政府與中國政府在北京締結之條約其所指定之膠州灣領土歸德意志之所占有茲以帝國之名置該領土於朕保護之下云云是直以租借

之膠州灣與德意志之殖民地同一待遇且特設膠州灣都督以統治軍務民政）於租界則無特設之行政官吏僅以管理權委諸本國公使及領事或委任於僑居租界之自治體（如德國之於天津漢口日本之於天津漢口營口安東上海等處皆有自治體今日本稱爲居留民團）在程度上畧有差異而已蓋一爲軍事上之關係一爲商業上之關係兩者之目的不同故其制度不必盡同也

註六　一八七六年德國商船名 Franconia 者在英國都拔海岸三海里以內與英船衝突英船內之乘客有因是溺死者於是德國船長以故殺犯之名義被訴於英國審判廳第一審認爲有罪第二審以外國船在沿海犯罪法律上並無明文故認爲英國無管轄權其後英國議會乃制定領水條例 Territorial Water Jurisdiction Act 以匡此失此判決例英人多稱爲 the Queen v,Keyn（乃德國船長之名也）

註七　一八〇六年法國參事院 Conseild Etat 決定二案一爲美國商船牛頓號泊於法國安貝爾港該船內水手二人在附屬小艇內爭鬥於是該地之審判所與美國領事互爭審判權同時又有美國商船停泊於法之馬爾塞港其水夫被該船職員所毆致受重傷應歸何國

管轄相持不決參事院乃判決曰中立船內船員相互犯罪非必適用屬地主義其關於船舶內部之規律者尤不可不尊重中立國之法律地方官吏不可干涉之但由船長求援或有害港內之公安者不在此限是卽足以表示法國主義之眞相矣

註八　一八七二年秘魯商船瑪也西號由澳門拐買華人道經日本泊於橫濱有華人自船投水經英國兵船拯救詢係因受船長虐待不堪其苦遂圖自盡乃由駐日英使知照日吏將船內華人截留日本神奈川裁判所訊明定案以該船在澳所訂拐買人口契約作爲無效照會中國派員前往將該船內之華人帶歸瑪也西船卽行釋放日秘間遂因此發生國際問題一八七五年經俄皇公斷始告終局（詳見約章成案彙覽乙編卷五下同治十一年南洋大臣奏摺及日人高橋作衛平時國際法論第四編第十三章第二節第二欵）

註九　國家基於獨立權之作用制定刑法國際法上不認爲海賊之犯罪其國法上亦得認爲海賊如英美等國之特別法以販賣黑奴者認爲海賊罪其後墺俄亦然然此非國際法上之海賊也

註十　英國學派以自衛權爲權利個人因不得已而行使自衛權其行爲不論罪故國家之行

丁性存

使自衛權亦不負責任如霍爾 Hall 斐理模 Phillimore 皆主張此說他如韋斯德立克 Westlake 則謂私人之行使自衛權以他人怠於義務爲前提不能因自衛而損及無辜之他人又如羅崙司 Lawrence 則謂文明國之法律凡殺人者必論罪然婦女因防衛自身而殺人者不爲罪故國家因緊急之危險而侵害他國者爲適法主張承認自衛權爲適法者其立論之旨大抵相同然解釋上則有寛嚴之別如韋斯德立克則謂國家之行使自衛權也其制限當較私人爲嚴但有持反對之論者謂國際間無判斷是非及保護權利之機關且國家一旦陷於危險不可復救故其危險縱非緊急苟無其他趨避之方法卽得因自衛之故而用必要之手段故不得與私人之行使自衛權相提並論大陸學派多否認自衛權如德之黎斯德 Liszt 吳爾曼 Ulman 是也國家因自國有緊急之危險而侵犯他國是基於緊急危難之行爲故當負賠償之義務不得認爲權利蓋國家之權利有無將受侵害之虞及其危險是否屬於緊急國際間無判斷之機關若承認自衛權則國際之秩序安寧將因是而擾亂矣

註十一　近年來日本屢以防範朝鮮亂黨之故派遣軍隊侵我安東寛甸臨江長白等處復要

求彼此會巡（民國十年六月中日訂兩國會巡辦法）又嘗因朝鮮公爵李綱被鮮人逼迫變裝脫走入我安東日本於事前並未知照中國遽入境拘捕中國雖[illegible]之抗議亦無圓滿之解決其爲侵害中國主權違反國際法殊甚然日本則諉爲行使自衛權自國際法上有自衛權之名稱於是强者假之以侵害弱者弱者行之則爲違法試更以一事言之如一九〇八年（光緒三十四年）二月五日日船第二辰丸因私運軍火入兩廣援助革黨中國軍艦伺自泊於澳門附近之過路環島距東岸二哩之海面時捕之（一說在中國海面三海哩外）日本以該海面屬於葡領責中國謝罪賠償卒用最後通牒逼中國從其所請釋放該船日本但允自後輯禁私運軍火入我國而已夫我之捕獲第二辰丸相衡以英之捕獲卡羅林號有何差異顧一則認爲適法一則認爲違法足見立法不愼則法律上之所謂權利弱者未必蒙其福適足爲强者所利用以蹂躪弱者而已

註十二　英國之學者固多以英之行動爲出於自衛之必要然亦有懷疑者如羅崙司是也他如英國之歷史家菲夫　Fyffe　嘗敘述押收丹抹海軍事件之顚末而加以評論曰丹法密約本屬疑問丹抹政府有無將艦隊交與拿破崙之決心亦無何等之證據且就當時丹抹艦

丁性存

隊之去就而論亦未必於英國之運命有重大之影響英國此舉徒開一國際上之惡例而已又如英國外交政策史之著者霍朗德洛斯 Prof Holland Rose 亦嘗評論此事而加以結論曰關於拿破崙使用丹抹艦隊之計畫所得報告皆本於臆測所謂想當然耳者是也夫以如是薄弱之材料爲基礎而遂與弱國啟釁其行動之當否實爲疑問據以上二氏之所言則丹抹事件是否可爲國際間合法之先例實未敢首肯宜乎大陸學者如法之貝特利佛爾 Plede'ielievre 梅理涅克 Merignec 朋裴士 Bonfils 俄之馬丁斯 F Martens 德之格夫根 Geffcken 等對於此事件多以英爲不法也

註十三 不法干涉之先例

一 因圖宗教之自由而干涉者

宗教之自由與否爲一國獨立權之作用特種之宗教有害一國之安寧秩序者可禁止之夫宗教之發達與一國之歷史人情風俗有密切之關係不能以一國之宗教爲是而以他國之宗教爲非他國以與我國相異之宗教爲國教而禁止我國所奉之宗教我亦不得干涉之例如一八六〇年歐洲各國以耶教徒受摩罕默德教徒之虐待乃干涉土耳其其一八七八年俄

國藉口保護耶教干涉土耳其及其他以宗教上之理由而行干涉者皆違反國際法之行爲也羅崙斯以此爲基於人道之干涉雖有背國際法之原則其行爲則尙足取是已脫離法律論而入於道德論矣

二　以均勢爲目的而干涉者

均勢Balance of Power之說當十七世紀認爲解除歐洲外交上危險之方法證以往事則有法王路易十四世欲兼併萊因諸國領土且爭繼西班牙王位英奧荷蘭瑞典薩地尼諸國組織歐羅巴大同盟以攻法國乃有一七一三年之烏忒列墾utrecht條約約中規定以維持均勢爲耶教諸國之公法及法國革命戰爭拿破崙戰爭此約等於廢棄英乃聯合大陸各國再訂同盟與法交戰遂以此主義列入巴黎條約之序文旋卽根據此約另訂一八一五年之維納條約其後比利時之獨立及歐洲各國之干涉東方諸國皆本於均勢之說一八五四年英法土諸國所訂君士但丁條約中載有保全土國爲歐洲諸國維持均勢所必要故從歐洲各國之政策上言之殆以均勢爲正當之權利學者中如斐理模Phillimore威爾瑟Woolsey多謂因維持均勢而干涉爲正當亦有否認此說而謂歐洲諸國之干涉東方問題當作爲例

丁性存

外可認爲合法者然就事實而論均勢之說足爲野心之國家所利用例如法國拿破崙三世則謂因鄰國强大法爲維持均勢有增加領土之權利當一八六〇年藉口於義大利統一而割取薩伏耶 Savoy 湼士 Nice 兩州及一八六六年普魯士組織德意志聯邦法對於普亦以維持均勢爲理由請求擴張領土爲俾士麥所痛斥故藉口於維持均勢而行干涉者適以釀成國際之擾亂且一國因國民之勉厲政府之圖治以達其國力爲獨立國應有之事他國因嫉視之故藉口於均勢之說而加以干涉實非國際法之所許也

三　以一國之法令政體於他國有危險而干涉者

一國採用何種政體或變更政府由國際法言之屬於一國之自由此爲國家內部之事項與他國之國際關係無直接之影響故慮他國所採用之政治主義有傳染之危險而加以干涉者爲不法例如一八一五年普奧俄三國之君主訂約於巴黎組織神聖同盟 Holy Alliance 其表面則以博愛主義相標榜謂無論內治外交皆以耶穌教之博愛主義爲準繩視各國之君主如昆弟視國民如家族凡信仰耶教之國民皆互相親睦以維持平和而其實則因法國革命之結果恐民權自由主義傳播於各國故互相結合以撲滅民權自由主義爲目的於是

一八二一年有拉勃赫 Laibach 會議主張以兵力鎮壓各國之革命運動使奧國干涉意大利之統一一八二二年有佛納那 Verona 會議使法國干涉西班牙之內亂推翻民主黨組織之政府擁護舊君復位由今視之此種干涉國際法上認爲違法無待論矣

四　因他國之求援而干涉者

當一國內亂發生之時往往有由其政府或叛黨之一方請求援助受其請求之國家有因是加以干涉者如一八二七年英法俄三國經希臘之請求乃干涉土耳其以擁護希臘之獨立一八四八年俄皇尼喀拉斯一世應奧國之請求干涉匈牙利之獨立是也此種干涉是否正當學說雖不一致然因干涉之結果而使他國之處理內政失其自由國家獨立權受其侵害由人道上及其他方面觀察已不能認爲正當在國際法上又安能認爲合法哉

此外有因左列各種而認爲正當之干涉者

一　因他國之行爲於自國之生存上有重大之危險而加以干涉者　如前所述神聖同盟諸國之撲滅民權主義及英國之押收丹抹艦隊事件是也神聖同盟各國之干涉行爲學者皆認爲不法丹抹艦事件適法與否亦尙有異論

丁性存

二　依條約上之規定而加以干涉者　例如一九〇六年美國之干涉古巴係依據一九〇一年之條約然條約由兩當事國之合意而成依據條約以行使其權利者不得謂之干涉

三　因本國人民之權利被他國侵害而加以干涉者　例如美斐間之卜格林事件　the Case of Van Bokkelen（卜克林係美人一八一五年因債務關係爲斐支所拘禁按斐支國之法律斐支人有債務者將財產交與債權者卽得釋放而外國人在法律上不得享此權利美政府以斐支待遇內外人不平等之故乃干涉斐支要求釋放當事者韋斯德列克以此爲合法之干涉）美英間之利敏克事件　The Case of Rahming（美國南北戰爭時美總統林肯對於內外人一律停止保釋之特權英之利敏克因有嫌疑乃被拘禁英國以美國政府對於各國人不當用此非常手段加以干涉然美國輿論則以總統之採此非常手段爲合於憲法且利敏克之被拘不無相當之嫌疑英國乃承諾美國於內亂未了時得停止保釋霍爾以美國之行爲爲不合謂可以干涉韋斯德列克則持反對論）皆屬人民個人之關係若因此而謂國家有自衞之必要則自衞權之意義毋乃過於廣泛國家因保護其個人之利益對於外國有所要求則可要求不遂則可採其他手段決不容加以干涉也

由是言之干涉之情形因事而異苦無確定之標準然由其性質上言之皆爲束縛他國主權之行爲國際法上不能認爲正當也

第五編　國家之平等關係

第一章　外交關係

第一節　元首

主權國之君主或其他之統治者在國內法上爲外交之最高機關在國際法上卽視爲代表國家者故在外國得享治外法權無論刑事民事皆不負責任

君主之配偶及皇族非國家之代表者本無治外法權然各國爲敦睦邦交計亦恒以待君主公使之禮待之

共和國之大總統雖代表國家而非國家主權之所專屬故有謂不應享有治外法權者然現今各共和國雖以人民全體爲主權者至於外交上之最高機關則仍屬於大總統故當與以治外法權

第二節　公使

第一欵　公使之沿革

公使爲外交機關由元首委任以代表本國與外國交際而增進本國之權利利益爲職責在同一民族爲一團體時代固無需乎此及國家彼此孤立畫疆自守動輒以干戈分曲直之時代亦無需

丁性存

乎此迨至文化發達交通便利時始有常設公使之必要徵諸歷史希臘羅馬時代之公使皆臨時特派事畢則返非若今之常駐於外國且派遣者不止一人蓋事務既簡在外日久則恐爲外國之勢力所化又人少則恐誤事故必有三人或四人及至十五世紀羅馬教皇始遣使駐於士都巴黎實爲現今之公使之嚆矢當時文學復興大陸發見各國關係漸密若因一事而遣一使既不勝其煩且無以通曉外情於是遂有外交官之制度此制始於西部歐羅馬巴諸國而漸及全歐一六四八年斯德發利 Westphalia 條約議以外交官駐於各國首都由是其名稱階級肅然有序至於今日而益完備我國之與歐西通使考之記載當在十六世紀如葡萄牙如荷蘭如西班牙皆遣派專使至華（明正德以降）及十九世紀中葉俄英法相繼遣使駐華（清咸豐十年以後）而我無往者自一八六七年（清同治六年）我國始派專使赴英法德瑞丹荷日比義各國辦理交涉一八七五年（清光緒九年）以來特派公使駐英美日斯巴尼亞比利時四國由是向日本俄法德奧義荷蘭葡萄丹抹那威瑞典瑞士墨西哥魯古巴巴西智利等國先後遣使專駐或兼任此我國遣派公使之梗概也

第二欵　公使之等級

公使可分兩種一因政治上之職務而派遣者一因禮式上之交際而遣派者因禮式而派遣者本與常駐公使有別然各國慣例恒以待常駐公使之禮待之且其席次多在於常駐公使之上公使視其權限之大小而有區別以任期言則有通常公使及特命公使之別向例以特命公使位於通常公使之上及一八一五年維也納會議始廢止之然實際上則尤泥守向例通常公使上亦冠以待命二字以示尊榮

公使上之階級自一八一五年維也納會議以後決定其次序如左

第一條　公使分爲三等

一　大使 Ambassadors 及羅馬敎皇使節

二　公使 Envoys Ministers

三　代理公使 chargesd d' affaires

第二條　大使代表元首經羅馬敎皇使節代表敎皇

第三條　不問特命與否其席次無高下

第四條　同一等級使節之席次依公報所載到任時期之先後定之但敎皇代表者之席次不

丁惟存

在此限

第五條　不得因兩國親屬上之關係或政治上之同盟變易使節之席次

第六條　各國訂約者使節署名順序以抽籤決定之

維也納會議分公使爲三等其向駐於外國之公使卽列入第二級中一八一八年亞亨 Achen 會議以與法英普俄五國所派之常駐公使位於公使與代理公使之間故公使之等級分爲四級此四者唯禮式上有異（註一）其權利非有區別也

第一　大使代表主權者享有元首同等之尊敬此爲革沿上之慣例在法律上非有與他種公使區別之理由羅馬教皇之大使有宗教上之任務而非政治上之外交官

第二　公使代表國家由元首給以信任狀所以對駐在國之元首表示信任之意思者也

第三　常駐公使與公使同

第四　代理公使與公使同爲代表國家者唯由外交部給以信任狀所以對於駐在國之外交部表示信任之意思者也此外又有臨時代理公使如上級公使或大使因事不能行職務時暫命代理者也

授受公使所以維持國交增進相互之利益然國家之受授與否悉屬自由故有特殊之事由對於外國所派之公使亦得以絕拒有如何之情事可以拒絕學說雖未一致但有下列之情形發生則皆認爲可以拒絕

一　尙未承認有派遣公使之資格時如未經承認之新立國是也

二　基於公使一身之理由如以駐在國之人民爲公使或對於駐在國曾有犯罪行爲或不敬行爲者或其身分非常卑賤者是也

因是各國於派使之先恒以所遣公使之姓名履歷通知駐在國經其承認然後派遣以圖國交之圓滑幾分爲國際間之習慣矣

第三欵　公使之就任及終任

公使之任命此用國內法規定者也證明公使之權限曰信任狀 Letters 公使以此提出於駐在國經承認爲權限完全以後始得行使職務提出信任狀時通常有謁見式又公使皆由本國給以旅行劵 Pass port 存於駐在國之外交部職務終了時則應交還故由公使請求交還卽表示撤退之意思外交部以此送交於公使卽表示要求撤退之意思

公使之職務終了亦國法所規定者也國際法上所認爲終了之原因如左

一　目的之終了

二　任期之滿了

三　公使之死亡

四　公使之免職

五　本國政府之召還

六　駐在國之要求撤退

七　戰爭之開始

第四款　公使之職務

公使之職務國內法所規定者也然其性質上所應有之事項可分爲兩種

第一　對於本國政府之關係

一　在駐在國窺察與本國有利害關係之事項以謀本國之利益駐在國政治上之狀況對於本國之政策有重大之影響者尤宜注意

丁性存

二　關於本國與駐在國之條約履行與否固須注重駐在國與第三國之條約及其他關係亦宜注意

三　以其所窺察之事項迅速詳細報告於政府

四　依本國政府之訓令或自己之判斷爲增進本國之利益與駐在國政府交涉商議

第二　對於寄居駐在國之本國人民

保護寄居駐在國人民之權利是也

第五款　公使之特權

第一　公使特權之沿革

公使之特權在昔希臘羅馬已有之矣如希臘之爲公使設銅像以表示表章羅馬以對於公使之犯罪者交其本國處罰是也自羅馬法學勃興以來公使之特權遂益確定如一六五一年荷蘭以國法規定凡對於外國公使及其僚屬有加害行爲者與擾亂公安者一律論罪及十八世紀各國互認公使之特權遂生治外法權之制度所以使公使得盡其職務亦卽所以示國際禮讓也

第二 特權之種類

公使之有特權爲執行職務必要之保障可分爲二種

甲 不可侵權

公使在駐在國凡身體名譽財產皆應有完全之保障此種保障有與免除裁判管轄混同而以治外法權論者然兩者性質既異效果亦殊不可侵權者對於公使加以強暴侮慢或擅加國家之權力爲法律所不能許也不可侵權之義務不但爲國家所應負擔國民亦應負擔故有對於外國公使加以強暴侮辱者與對於自國之官吏爲此等行爲者一律論罪各國皆以國內法保障之我國之刑律亦然(一百二十一條一百二十四條)與外國公使以不可侵權在使其得以完全執行職務故有逾越職務之行爲不得援用其在職務之範圍以內者不獨公使之一身爲不可侵公使館亦爲不可侵者(註二二)

公使館既有不可侵權故設有犯罪者因圖免逮捕逃入公使館者司法官得請求交還但不得逕直入館行使其權力若公使不允交還罪人將如何處置乎此不外公使館有無庇護犯罪人之權利之問題由實際上言之對於犯內亂罪者每多實行庇護權如一八九一年智利

丁性存

內亂時國事犯八十餘人悉爲美國公使館及其他公使館所收容然就法理論之公使館以無庇護權爲原則有犯此原則者是爲不法限於自衛必要時可以不法之手段報之如於公使館門外遮斷交通以妨逃走或俟其出門加以逮捕又請求其所屬國將公使召歸或令其撤退是也

乙　治外法權

治外法權之實質卽免除司法權之管轄是也他如租稅免除信教自由亦包含之

一　司法權之管轄免除

甲　刑事裁判管轄權之免除

治外法權之制度在使公使安全行其職務其無關於職務之事情自無保護之必要公使有犯罪行爲者不但於職務無關且玷辱其地位就理論而言被害國固可處以相當之刑罰然欲實行此理論其結果必致有碍公使之職務且如因輕罪及嫌疑之故而使公使與普通人民一律服從其國之法權不免有損國交以是普通之犯罪則可照會其本國請其召歸輕微之犯罪則對於公使或其本國促其注意足矣其犯罪之重大者得以逮捕拘禁

公使得免除刑事裁判管轄故其結果不受司法警察權之執行但行政警察則不在此限

乙　民事裁判權管轄之免除

公使有治外法權故不服從駐在國民事裁判所之管轄但自願拋棄者不在此限

丙　免除出庭作證之義務

二　租稅之免除

租稅指直接國稅而言如所得稅房屋稅關稅皆得免除

三　信教之自由

信教自由雖爲多數國所承認然亦有例外卽在不許宗教自由之國家對於公使則以自由爲原則故公使所信仰之宗教縱爲駐在國所禁止公使得於使館以內舉行禮拜之儀式但不能於使館以外傳布宗教

公使之特權在一定之範圍以內及於其隨從者之全體故公使當以隨從者之名簿提交駐在國政府

第三　特權之得喪

公使自遞信任狀而後始以公使待遇之此原則也然信任狀必經一定之時期始能呈遞在未呈遞以前若不認其特權則非重邦交之道故實際在呈遞信任狀以前亦與以特權公使自職務終了時喪失其特權此原則也但實際在未出國境以前仍與以特權

第四　公使在第三國之特權

此有戰時平時之別

一　平時在第三國之特權

公使之有特權因職務上之必要故在第三國以不能享特權爲原則然近今各國慣例凡通過第三國者皆與以特權

二　戰時在第三國之特權

交戰國一方之公使至第三國就任時無通過敵國領域之權

局外中立國之公使通過交戰國之一方者不受何等之限制其駐在占領地或通過者亦仍有不可侵權惟在包圍地域內者得制限其交通信如一八七〇年德軍圍巴黎時制限各國公使通信其先例也

丁性存

交戰國對於局外中立國政府或中立國駐在敵國之公使與敵國政府往復之文書當尊重之

第三節　列國會議

集合二個以上之國家討論國際問題者曰國際會議可分兩種

一公會 Congress

一會合 Conference

以上二者之區別學說不一

甲　以蒞會人之位分而區別者　如各國之元首或內閣總理蒞會者曰公會是也

乙　以議事之實質而區別者　如商議重大事件者爲公會其非重大者曰會合是也

丙　以議事之目的而區別者　如因維持平和而使戰爭終局爲目的者曰公會其他皆會合也

徵諸實際又不盡然就向例觀之凡議事之實質重要而在最重要之地位者爲代表蒞會其議事方法較爲鄭重者每多稱爲公會（註三）然就法律上觀之固無所區別也

公會或會合所議之事多以一般國際間之利益爲基礎故有稱之爲國際機關者而實則不然國

際會議不外各關係國協議一定事項之會合其無利害關係之國家非必參加有利害關係國參加而未參與決議者不受此決議之拘束

凡列入國際團體之國家皆得召集列國會議然列國之應召與否悉屬自由列國會議時得派代表蒞會者以獨立國爲限但一部主權國在其權限內所得決定者亦得派員蒞會

會議之地爲最困難之問題或設於與議題關係最切之國或設於永久局外中立國及與議題最無關係之小國各國之參加權及議決權理論上各國平等而實際則不然開會及議事有一定之順序如由倡議者以所議之問題發布通知而後選定時日會場至期乃行開會式選舉議長組織書記局及審查委任狀作議事規則於是開議議畢閉會乃以其所議之事訂爲條約由各國批准蓋印而後生拘束之效力

第二章　社會關係

第一節　社會關係之實質

第一款　通商關係

古代各國概用閉關主義今日無絕對不與外國交通之國家故以自由通商貿易爲原則通商條

丁性存

約於是發達其條約通常所規定者如左

甲　當事國人民居住之自由

乙　生產及製造貨物輸出入之自由

丙　關稅

各國於輸出輸入之貨物每因其他之關係隨時隨地有一定之制限其徵稅之方法有二一國定稅率二協定稅率是也我國自前淸道光二十二年（卽一八四二年）訂立中央南京條約以來採用協定稅率以稅權授之外人而外人並未以此相酬報於是協定關稅在我毫無所利徒受其弊而已至課稅之標準亦有二一從價稅一從量稅兩者各有得失此外又有所謂通過稅者現今多數之國皆已廢止我國則尙有類似此稅之制度存在如釐金是也

第二欵　交通關係

國家對於交通機關有獨立權然欲求國際交通之圓滿則不可不謀所以聯絡之策於是有因條約而受制限者

交通關係可分二種

一　自然交通方法　如河川沿海之航行是也已於第三編第一章言之

二　人爲交通方法　最重要者鐵路是也鐵路之敷設於一國內者爲其國家之行政權所支配然今日交通益繁各國互以鐵路聯絡使火車往來爲恒見之事故有特別締結條約者如中日俄三國之於東三省鐵路歐洲大陸義大利德意志瑞士等於貫通數國之鐵路均有特約是也

關於鐵路之聯絡各國雖特訂條約然國際交通之手段則猶有未盡者瑞士遂因是開設國際會議一八九〇年遂由德法奥義荷蘭比利時俄國瑞士盧森堡諸國締結條約鐵路同盟由是成立乃設國際鐵路事務局於貝崙以理其事此外又有關於一般交通之國際條約如一九二一年之國際交通條約是也

第三欵　通信關係

通信關係之賴以維持者即郵政及電信是也分述如左

一　郵政同盟　十九世紀之上半期各國多就郵政締結特約其效力狹隘未足以謀國際通信之發達於是組織郵政同盟即一八七四年德奥英法美比利時丹麥希臘義俄土耳其瑞士典

丁惟存

諾威荷蘭葡萄牙西班牙埃及盧森堡羅馬尼亞塞爾維亞等二十餘國訂於瑞士貝崙之郵政同盟條約是也一八七八年又會於巴黎更名曰萬國郵政同盟其後屢經會議最近則有一九二一年改訂之萬國郵政條約締盟國已達七十二國世界中除最小之國幾無不加盟矣

二　電信同盟　有陸上電信海底電信無綫電信之別分述於左

甲　陸上電信

一八六五年開會於巴黎其後屢有修正一八七五年會議於聖彼得堡又大加改訂現行萬國電信條約即以聖彼得堡條約爲基礎迭經柏林巴里倫敦會議加以修正加盟者五十餘國

乙　海底電信

一八八四年各國會於巴黎訂平時保護海底電信聯合條約主盟者爲德奧英美等國其他加盟者共二十餘國一八八八年締結關於連結數國之領土植民地之海底電線條約然此祇適用於平時不適用於戰時至戰時可否截斷海底電線學說不一一九〇二年國際法協會關於此問題有所決議其詳俟論戰時法時言之

丙　無線電信

一九〇六年始開萬國會議於柏林加盟者爲德奧匈比法英美俄葡萄牙瑞典諾威丹麥希臘南美諸國東洋諸國一九〇八年乃訂無線電信條約一九一二年又加以修正

第四欵　貨幣及度量衡同盟

貨幣與度量衡二者國家本可以自由制定然以關係於國際通商甚大故深望其統一於是乃有同盟

一、貨幣同盟　現今已成立者（一）拉丁貨幣同盟一八六五年法意比瑞士會訂於巴黎其後希臘亦加入之（二）斯康提諾貨幣同盟卽一八七三年瑞典諾威丹抹所會訂者是也至國際貨幣同盟屢有倡議者而終未成立

二、度量衡同盟　一八七五年開列國會議於巴黎遂訂適當條約

第五欵　著作權保護同盟

著作物之應受保護不但於國內宜然於國外亦然不如是則文學美術之發達必多障害於是法國倡議與各國互定特約其後因是屢開國際會議至一八七八年乃有巴黎條約承認保護著作權一八八六年德法比利時盧森堡英國瑞士義大利丹麥西班牙瑞典諾威摩納哥諸國會於貝

丁性存

嵩訂萬國著作權保護同盟其後一八九六年一九〇八年又修正此約

第六欵　工業所有權保護同盟

欲使商工業得享完全之保護且使發明者之權利及誠實之貿易者得受擔保於是各國遂互訂特約其後由法國開學術萬國會議於巴黎議保護國民工業之所有權一八八三年各國會議於巴黎遂成工業所有權保護同盟一九〇〇年又修正此約

第二節　社會利益保護之機關

各國因保護通商航海及其他各種之社會利益設一定之機關是謂領事非國家之政治代表者以保護經濟上之利益為其職務茲說明如左

第一欵　領事

考歐洲之有領事始於中古時代與法律上之屬人主義同時發生繼而歐人移住東亞諸國遂以領事裁判官為移住地人民之長官其領事皆有裁判權徵諸土耳其與歐洲諸國之條約可以知之其後次第擴張其權限不但民事上之爭議歸其掌握刑事事件亦歸其管轄且兼有行政上之權對於外國政府為本國人之保護者及代表者近時在東洋之領事其權力如故而在歐洲各國

領事之權力則根本上大有變更中古之屬人主義已失其勢力而以屬地主義代之凡在一國內者不問爲何國人必服從其地之法律及其裁判權故領事之駐在外國也對於其本國人非有裁判權惟以代表其所保護者之利益爲惟一之職務而已

在東洋之領事則不然猶有所謂領事裁判權存焉如在我國是也當別爲一節論之茲所當述者卽領事之階級受授及其職務特權是也

（一）領事之階級

領事有二種一普通領事二名譽領事前者以本國人民任之後者以駐在國之人民或第三國人民充之其所異者惟國籍而已

由階級上區別之可分爲四種第一總領事第二領事第三副領事第四代理領事是也

（二）領事之受授

領事基於本國政府之委任行其國務之一部者也故必由本國政府任命領事抵駐在國後又須經駐在國之許諾始能行其職務故領事任命之初必以本國所給之任命狀呈於駐在國政府駐在國政府承諾之則須給以認許狀以示公認領事之職務且對於領事管轄地方之官廳爲一種

丁惟存

證明也

一國因相當之理由不欲使領事駐在時則可不與以認許狀卽與認許狀以後苟有相當之理由亦得取消

發給領事認許狀之政府如有變更則當再給以認許狀

(三)領事之職務

可別爲二種

甲　對於本國政府之職務細別爲四

一　視察本國與駐在國所訂通商航海條約能否實施

二　調查駐在國經濟上之實況

三　本國軍艦入港時與艦長以輔助

四　本國政府欲通牒於寄居外國之人民得經由領事

乙　對於本國人民之職務細別爲六

一　保護本國人民之利益

二　對於本國商船之在外國者行使警察權
三　對於本國人之在外國者處理戶籍事務
四　對於本國人之在外國者爲公證人
五　對於本國人之在外國者處理非訴訟事件
六　本國人民或本國人與他國人民事上之爭議或以領事爲調停者

以上所述者爲領事職務之大要其在享有領事裁判權之國則並得行使裁判權及警察權當於後節言之

（四）領事之特權

領事非有治外法權者也故英美兩國不與領事以特權惟各國以對於友邦表示尊敬之意恒與以特權互以條約規定各國不一其揆今就多數之條約分爲七類

甲　領事得於其居處掛本國徽章
乙　領事館之記錄及公用書類爲不可侵
丙　領事職務上有過失時惟對於本國負其責任

丁性存

丁　領事非犯駐在國刑法上之重罪不得拘留

戊　駐在國法庭不得因民事事件傳喚拘留

己　領事得免除直接稅

庚　駐在國之法庭不得令領事到塲爲證人

第二欵　在東洋諸國領事之特質

第一項　領事裁判權

領事裁判權何自而發生曰不外西人歧視異種異教而發生俄之瑪爾丁有言曰亞非兩州諸國文明未啟秩序不整對於外人恆挾敵意基督教國與之交通欲使其人民不陷於危險不可無方法以救濟之其方法維何卽使住於非基督教國之民不服從其地之法律裁判是已斯說也實足以代表西人之思想其嫉視異種異教有甚於是者乎首受領事裁判之禍者爲土耳其而漸及於我國日本暹羅埃及日本自立憲而後已脫其厄暹羅自一九一七年以來亦得英法各國允許將其領事裁判權之一部分移交暹國法院並允俟司法事宜改良完竣完全撤銷土耳其自一九二三年羅山會議以來亦經各國公認撤銷惟各國在我國之領事裁判權則依然如故茲述其梗概

如左

考各國在我國之有領事裁判權自鴉片戰爭以來而始確定今就現行條約爲之列表如左

國名	訂約年月	條約第幾款
英	咸豐八年一八五八年	第十五款至第十七款
法	咸豐八年一八五八年	第三十八款及三十九款
美	道光三十四年一八四四年	第二十一款第二十五款參看咸豐八年中美和約第十一款第二十七款
荷蘭	同治二年一八六三年	第六款
丹抹	同治二年一八六三年	第十五款第十六款
諾威	道光二十七年一八四七年	第二十一款又第二十四款第二十五款
瑞典	光緒三四年一九〇八年	第十款
日斯巴尼亞	同治三年一八六四年	第十二款至第十四款
比利時	同治四年一八六五年	第十六款至第十九款第二十款

丁性存

義大利	同治五年一八六六年	第十五欵至第十七欵
秘魯	同治十三年一八七四年	第十二欵至第十四欵
巴西	光緒七年一八八一年	第九欵至第十七欵
葡萄牙	光緒十三年一八八七年	第四十七欵第四十八欵第五十一欵
日本	光緒二十二年一八九六年	第二十欵至二十二欵
墨西哥	光緒二十五年一八九九年	第十三欵至第十五欵
瑞士	民國七年一九一八年	通好條約附件

按俄國對於我國原有領事裁判權據民國十二年中俄協定第十二條聲明廢止德奧二國條約自宣戰後已失效力據民國十年中德協約第三條第二項規定兩國人民於生命以及財產方面均立於所在國法庭之下民國八年中波條約關於領事裁判權用照會聲明最惠優待條欵不包括在中國有領事裁判權民國九年中波條約第四條訂明兩締約國人民應服從所在國之法律歸所在國法庭審判民國十年中墨商擬修改商約換文墨政府聲明將來正式修改條約願拋棄領事裁判權

就以上現行條約觀之各國領事之有裁判權基於條約而發生故其權限當以條約爲據茲分述如左

一　中國人與外國人間之事件

甲　民事在未成訟以前領事官得與中國地方官秉同和解調處如不能勸息再由領事照會公平訊斷（註四）

乙　中國人有侵害外國人者皆歸中國地方官審判按本國法律懲治

丙　外國人有侵害中國人者歸其所屬本國之領事審判

丁　同國籍或異國籍之外國人互相訴訟如有牽涉中國人者民事則可由領事會同中國地方官調查公斷刑事則中國人歸中國地方官審判外國人各歸其所屬本國之領事審判

二　同一國籍之外國人間之事件

不論人產皆歸領事訊斷

三　異國籍之外國人間之事件

應聽兩國照查其本國所訂條約辦理

就以上所言者觀之是領事裁判權所及者限於其本國之人民及本國人民與他之外國人民間之訴訟事件而已乃各國領事之在我國者日謀擴張其權限致有左列各事發生

一　中國人民之在租界內者互爲訴訟或被外國人控告領事公然訊斷

二　會審二字本爲條約原文所無（註五）以翻譯外誤遂致鑄成大錯於是上海首設會審公廨幾欲以此推及全國

三　會審以外又有觀審之約（註六）

以上各端已逾於條約所許之範圍復於裁判權而外又恒有侵入警察權之行動是領事裁判權之結果不啻以主權之一部割讓於外國今列舉其弊如左

一　害內國之統治權

二　蔑視內國之警察權內外國人不平等

三　往往犧牲內國人之利益以保護外人之利益

四　所依據之法律不同同罪而異罰實背刑法之原則

五　法律參差當事者之權利義務不確定
六　往往涉及外交政略審判難期公平
領事裁判權之弊如此亟宜設法撤廢自無待論各國之允拋棄領事裁判權自英美日本以及葡萄牙瑞典皆於通商條約中以明文規定約文中所稱治外法權卽指領事裁判權（註七）約中所定之條件如左
一　中國律例須照各西國律例改同一律
二　須俟各國查悉中國律例情形及其審判辦法並一切相關事項皆臻妥善民國八年（一九一九）華盛頓平和會議由我國提出撤銷領事裁判權之條件嗣於民國十年（一九二一）由各國決議承認中國之希望故撤銷領事裁判權已爲締約各國所共許但能否實行則以吾國能否履行條件爲準（註八）
各國領事裁判所之組織非有一定之原則就各國之制度而論可分三種
一　特設正式法院者
二　由領事組織法院者

丁性存

三　由公使或使館員組織法院者

就實際而論以領事組織法院爲今日通行之制如法國日本是也其特設正式法院者亦不廢領事法院如英美是也（註九）至以公使或使館員組織法院昔日俄國曾採用之今惟一二小國有行之者

第二項　混合裁判

埃及之所謂混合裁判亦名國際裁判所設於一八七六年初以五年爲限其後屢經展期今則已爲常設之機關其目的在於廢止領事裁判然其權限甚狹領事裁判仍未能廢且據其構成法觀之亦未必勝於領事裁判茲述其組織於下

第一審　設於卡　羅　亞歷山大　伊斯馬拉 Jsmailia

第二審　設於亞歷山大

第一審裁判官七人以外國人四名內國人三名組織之法官之外又選內外國商人各一名爲陪

審外國人之爲裁判官者須經埃及王任命而實則須得外國政府之同意

第二審裁判官十一人外國人七名內國人四名

此等裁判所對於歐洲人及埃及人間之一切民事訴訟有管轄權對於埃及政府及國王之民事訴訟亦歸其管轄關於刑事者以違警罪及對於裁判所之犯罪爲限其同國籍之歐洲人間相互訴訟仍屬於領事裁判

第三章　條約

第一節　條約之觀念

國家自主獨立以不受外國之掣肘爲原則然因增進彼此之權利利益於不害國際公安之範圍以內得以自由意思互相設定權利義務或變更之或消滅之無所不可故條約爲二國或數國間之合意其要件有二一自由意思之合致二內容不違反國際法

條約可以有拘束力其說不一實則不外乎維持國際團體之秩序而已

第二節　條約之成立條件

條約成立之條件如左

丁性存

第一款　主體之條件

第一　締約能力

凡列入國際團體之國家皆有締結條約之能力此原則也然如被保護國構成聯邦或政合國之各國或本無締結條約權或以是委任於他國者除自國特行保存或經承認之事項以外無締約權

有締結條約之能力者國家而已非個人所有也故如獨立之國家與羅馬教皇之合意乃契約而非條約

第二　權限

以國家之名義有負義務享權利之權限者及其委任者所締結之條約乃有拘束力其權限依國家之國內法定之就代議政體而言憲法上以經國會之協贊爲必要之條件

國家之主權者非無躬自締結條約者然以委任於代表者爲多故批准之後皆生拘束力其越於權限所訂之條約皆不發生拘束力然相對國設因此而受損害則不可不任賠償之責惟因相對國未加注意而締結者無賠償之責任

丁性存

第三　意思之自由

條約爲國家間之合意以自由意思爲必要故其意思表示有出於詐僞或錯誤者不能有效惟强迫暴行在於通常之契約則失效力至國家間因强迫暴行所訂之條約是否無效尙無定論其對於訂約之代表者一身加以强暴者其條約爲無效則爲一般所承認

第四　批准

條約由全權委員締結以後須經主權者之承認代表者所締結之條約原案經國家之主權者嘉納採用謂之批准

批准有默示明示二種通常條約以明示批准者爲多故未經批准之時不得認爲締盟國確定之意思

批准爲條約成立之條件故得以拒絕惟有如何之事情始可以拒絕學說不一

一　非全權委員超越其權限締結者不得拒絕批准「格魯鳩普芬道夫」

二　非代表者違反所受之訓令其締結之條約國家當受拘束（賓格秀威德爾）

三　條約與國際生活有至大之關係苟有危險於國際生活法律上得拒其批准（赫夫德

伯倫智理斐理模霍爾）

四　主權者不論何事何時有拒絕批准之權利（瑪爾丁）

批准之得以拒絕已爲一定之原則惟全權委員在其權限內締結之條約苟無害於國家之生存而亦曰可以拒絕則是玩視外交之神聖故不可不有相當之理由

條約自交換批准之文書以後始爲完全成立故其效力當自批准交換之時算起然亦未嘗無例外也（註十）

第二欵　客體之要件

條約之客體即目的也條約之目的以事實上及法律上所能者爲限故目的不能則其條約爲無效

第三節　條約之形式

私法上之契約以方式爲重而國際條約則不然但須當事國表示其意思互相承認條約卽爲成立然就實際而論條約之名稱不一故其形式亦異

普通所稱之條約（西文爲 Treaty 或 Convention）而外尙有議定書 Protocol 宣言 Declarat-

丁性存

n（亦稱聲明書）覺書 Memorundum 協定 Arrangement 等名

普通條約之形式如下（一）先敍締約之理法（二）記載全權委員之姓名及交換委任狀承認權限正當等事（三）列載條欵（四）載明須經批准及批准書交換時期（五）記載訂約年月及地點由全權委員蓋印此爲正式條約此外又有稱爲別約 Seprate articles 追加條約或續約 Additionsl convention 者其性質相同而其形式則無一定

議定書有二種一爲獨立議定書一爲附屬議定書其性質等於條約而形式較爲簡單

宣言有二種卽單獨宣言及共同宣言是也單獨宣言爲一國表示意思之文件非條約也至共同宣言則爲二國或多數之國對於一定之事項表示合意之文件卽條約也其形式有與正式條約相同者亦有較爲簡單者

此外尙有協約 Agreement 外交文書 Diplomatie note 等名稱者其形式不盡相同其效力則相等

以上各種不外表示國家合議之文書然國之意思表示不以文書而以口述亦無不可如一六九七年之俄普同盟條約是也惟條約爲事後之證據故普通多以文書記載

第四節　條約之種類

條約之種類大別為二（一）政治條約（二）社會條約是也

政治條約謂關係於政治事項者如關於國家之分合劃定疆界國際地役公海上之權利義務媾和等約是也社會條約以開發文明人道滿足社會之利益為目的者是也如通商航海條約領事條約郵政電信條約即屬此種

第五節　條約之解釋

第一款　解釋機關

解釋條約權限之所在是一國之國法問題也約三種（一）行政機關說（二）司法機關說（三）視條約之種類者有屬於行政機關者有屬於司法機關者

主張第一說者曰締結條約者為行政機關故解釋條約以委任於締結條約者為最適當此在實行三權分立主義之國固不得謂為不當

主張第二說者則曰條約與法律有同一之效力其解釋權當然屬於裁判所此說亦趨於極端者也夫條約以關係於政治者為多其與人民之權利義務無直接之關係者無司法機關解釋之必

丁性存

要

第三說則以條約之實質關係於政治事項者則使行政機關解釋關於人民之權利利益者則使司法機關解釋此爲最適於事理而與實際相合者也

第二欵　解釋方法

數國共同締結之條約必以一定之國語記載近則多用法語如有疑義則以法語爲準至兩國締結之條約則用締盟國雙方之語故必須先於條約中載明如有疑問則以何國之文字爲準然各國皆自主獨立者也設彼此欲定自國之文字爲準則問題起矣以是有於約中載明解釋須以何國文字爲準者例如一八九六年（光緒三十二年）中日通商條約第二十八欵訂明以後有所辯論均以英文爲準是也當事者之解釋條約彼此同一此爲最善良之解釋若彼此異解則可用適當之方法以求條約之眞意其方法有二卽形式的解釋與實質的解釋是也

第一　形式的解釋

形式的解釋謂據文字以解釋之是也解釋條約必先審其文字其文字可以通常之意義解釋明晰而合理者則以通常之意義解釋之若條約上有與通常之意義相異之慣例者則依慣例

釋解之

第二　實質之解釋

條約依文字不能正當解釋者則不可不就其實質解釋實質的解釋在探究條約之目的故第一常追溯成立之當時斟酌各種之事情第二須不背國際法之原則

又數種條約或一條約中之一條欵有矛盾者須爲實質的解釋其所當據之原則如左

一　一般或特別之强制條約較一般之許可條約爲重例如訂一條約允許於領海上有漁獵權同時又有一約規定漁獵業者不得因曬魚上陸其結果遂致魚獵歸於無效然其禁止條欵不得因此而毀棄

二　特別之許可條約較一般强制條約爲重例如禁止一般通商而某種之通商有特許之規定者則當尊重特許之規定

三　禁止條欵各欵中一方有制裁而一方無制裁者以有制裁者爲重若均有制裁而有寬嚴之差者則以嚴者爲中二者同一裁制時則以規定詳密者爲重

四　各條欵所規定者全相同時則由取得權利之國任擇其一

五　同一國家先後締結之條約有矛盾者後約優於前約

六　先後與數國家所締之條約彼此有抵觸時前約不因後日與他國所締之約而受影響若其目的爲同一物時非前約之當事者拋棄其權利則後約之當事者不能取得其權利

第六節　條約之履行

締盟國有履行條約之義務然國家間無最上權者設有背約之事將若之何故有用擔保之法者其例如左

一　宣誓　此爲中古所屢用今已廢止

二　人質　近亦全廢

三　占領土地　昔有以動產爲履行擔保者如波蘭王以冕玉質於普魯士是也今則惟以占領土地爲最有效力故爲一般所行此外又有以租稅或其他財源爲抵當者

四　保證　此與私法上之保證相類由第三國確保締盟國之履行義務故保證爲從約其效力一視乎主約然一國之義務除金錢以外之事非保證國所能代爲履行故保證者不過盡力使其履行而已此卽私法上之契約與條約相異之點也

爲保證者不限於無關係於條約之第三國締盟國中之一國亦可以爲保證例如關於永久局外中立國之條約是也

第七節　條約之消滅及更新

第一欵　條約之消滅

條約消滅之原因如左數種

第一　當然消滅

一　期滿　條約恒以明文規定一定之有效期間此種條約自因期滿而終了然近世之條約每有以明文規定非於相當之時期通知相對國則期滿以後在同一之期間或特定之期間以內仍繼續有效此則期滿之時苟不照約通知尚不能認爲消滅如一八八五年（光緒十一年）中法天津條約第八欵載明此次所訂之條約內所載之通商各欵以及將訂各項章程應俟換約後十年之期滿方可續約若期滿六月以前議約之兩國彼此不願先將擬欲修約之意聲明則通商各條約章程仍應遵照行之以十年爲限以後倣此是也

二　履行完成　條約上之義務已經履行則其條約即爲消滅

丁性存

三　解除條件成就　條約有附解除條件者條件成就其條約自當消滅如一九二四年（民國十三年中俄暫行管理中東鐵路協定第十條規定將來中東鐵路根本辦法在西歷一九二四年五月三十一日所訂中俄解決懸案大綱協定第二條所定之會議中解決時本協定即行取銷是也

四　當事國一方之消滅　兩國間之條約其當事者之一方歸於消滅則成立之要件缺少當然歸於消滅然如關於河川航行及國際地役之條約若訂約之國家消滅而其領土有他國繼承時則非必歸於消滅

五　目的物之消滅　條約上權利義務有與特定之土地或物件有關者其目的物消滅則條約失其存在之目的自當歸於消滅

六　履行不能　條約締結後陷於履行不能之狀況則其條約當然歸於無效例如三國訂結同盟條約其後締盟國中之二國戰爭開始第三國不能履行同盟條約故該約歸於無效但履行不能之狀況若僅限於一時則該條約不過一時停止其效力而已

七　混同　條約上之權利義務歸於同一國時其條約歸於消滅例如對於某地設定國際地

役其後該地割讓與要役國是也

八　戰爭　何種條約因戰爭而消滅學者間頗有議論至政治條約因締約國間戰爭開始而消滅固爲一般所承認

第二　因廢棄或取消而消滅

條約至無存在之必要時及不能達訂約之目的時或因維持條約足以發生重大之危險則得廢棄或取消其條約其重要之方法即相互之合意與廢棄之通知及取消是也

一　相互之合意　條約依合意而成立故須由合意而消滅無論屬於永久有效之條約或在一定期間有效之條約皆得因當事國之合意而使之消滅當事國合意之方法有三（一）明示合意即由當事國明白宣言解除條約者（二）默示合意即當事國另訂新約而與現約不能並存者（三）條約上僅有締約國之一方負擔義務他方拋棄其權利時

二　廢棄之通知　條約有因締盟國一方通知廢棄而歸於消滅者多數之條約於通知廢棄之時期形式每有明文規定若無特別之規定得因締盟國一方之通知使之消滅例如未以明文規定有效期間之通商條約或同盟條約其性質上非永久不變者也故關於廢棄之程

丁　性存

序雖無何種規定理論上自得隨時廢棄至於有永久性質之條約及以明文規定永久有效之條約以至未滿有效期間之條約非經當事國之合意不能廢棄此原則也但遇有左列之特種事由發生亦得廢棄

甲　當事國一方之違背　條約之當事國苟無誠實履行之意卽不能達訂約之目的故當事國之一方有違背條約者他方之國家得以廢棄

乙　重要事情之變更　定有期間之條約在有效期間以內以不能廢棄爲原則然遇有重要事情之變更則不能受此種原則之拘束故國家對於條約上所負之義務苟因時勢之變遷認爲有礙於國家之生存發展或有礙於國際團體存在之趣旨自不得不認締約國有廢棄之權利徵之實例則如俄國之於一八五六年之巴黎條約（關於黑海中立黑海方面俄國軍艦之制限）當一八七〇年普法戰爭時宣言廢棄而英有所抗議於一八七一年開倫敦會議大體容納俄國之要求同時議定一約謂經各國協定非得締約國之同意不能免除或變更條約上之拘束以此爲國際法上之原則據倫敦條約所認之原則而論則條約非當事國一方所能廢棄即遇有重要事情發生變化若非經締約各國同意亦

不能不受條約拘束此豈義務國之所能忍受故倫敦條約所認之原則在現今已有不能維持之勢如一八八六年俄國宣言解除一八七八年之柏林條約（該約第五十九條規定俄國當以拔鐵姆港爲商業專用之自由港）雖爲英所抗議俄國終達其目的又如一九〇八年奧匈宣言廢棄柏林條約（該約第二十五條規定以下斯尼亞赫格維那由土委託奧匈統治）而合併卜赫二州及一九一四年土耳其宣言撤廢領事裁判至一九二三年之羅山會議各國與土耳其改訂條約承認其要求是也

丙　與將來設定之國際法規則抵觸時　凡與國際法之規則抵觸者本不得爲條約之目的故在締約之當時雖屬正當成立之條約而在條約成立以後國際法之規則有所變更或設定新原則時以至該約不能與之並立則自當使該約歸於消滅

第二欵　條約之更新

條約之更新云者謂使喪失效力之條約復活或繼續是也

有效期間之經過或因其他消滅事由致失效力之條約得依更新之方法復活其效力例如因戰爭之結果喪失效力之條約締結國欲該約之存續是也其因期間已滿而延長者其更新之時即

須另締新約條約中如載明期滿以前非於相當之時期爲通知之手續者視爲當然延長者則更新之時不必更費他種之手續

條約之效力喪失與否有不明者乃重行聲明認爲有效是亦謂之更新條約的更新以理論言之非必明示然實際則無用默認者

第八節　最惠國條欵 the most favored nation clause

第一欵　最惠國條欵之視念

最惠國者謂在最有利益之地位之國是也例如甲國不許乙國或其他之國取得之權利而獨以是與於丙國與丙國對於甲國較乙國及其他諸國居於最有利益之地位之國也故最惠國欵條者即條約當事國之一方與他方相約以現在或將來與於第三國之權利利益使其均沾之條款是也是以最惠國條款規定事項之範圍卽爲均沾最惠國所享之權利利益其權利利益有得於該條欵締結以前者有得於該條欵締結以後者有因條約者有依其他方法者皆一律可以均沾惟第三國設有條約不利於有最惠國條欵之國則最惠條欵國不因是而受害易詞言之最惠國條欵之適用苟有不利益於最惠國者則不生結果最惠國條欵爲國際合意之一種有定一般原

丁性存

則者又有就各種之事項特設詳細之規定者有有條件者有無條件者有雙務者有片務者皆無害於最惠條欵之性質

最惠國條欵爲條約之一種故約內所載事項之範圍無一定之制限然如攻守同盟割讓土地有政治之意味者則不適用最惠國條欵本由國際商業關係而發生故以經濟上之事情爲主要是以各國之最惠條欵以通商航海條約爲最多

締約國之一方欲與最惠國在同一之地位此其目的也故其實質上之效力須依締盟國他方對於第三國所定之法令條約而非依最惠國條欵者也然有最惠國條欵之國家其所以能與最惠國在同一之地位者此即最惠國條欵之效力也

第二欵　最惠國條欵之種類

最惠國條欵之分類如左

一　片務條欵與雙務條欵

片務條欵謂僅有締盟國一方與最惠國享有同一之特惠者也如中比條約第四十五欵云兩國議定中國大皇帝今後所有恩惠利益施於別國比國無不一體均沾日後如將稅則關口稅

丁性存

噸稅過關稅入口貨稅無論何國施行改變一經通行比國商民船主人等亦一體遵照無庸再議條約是也雙務條款謂締盟國雙方彼此一律與最惠國享有同一之特惠者也如中墨條約第六款云嗣後兩國如有給與他國利益之處係出於甘讓立有互相酬報專條者彼此均須將互相酬報之專條一體遵守或互訂專章方准同霑所給他國之利益是也

二　條件附條款及無條件條款

條件附條款者卽載明與最惠國在同一條件之下與以同一特惠者也此種款式始於英與列貝理亞所訂條約（一八四八）故名之曰英列主義條款

無條件條款卽載明與最惠國一律無償均沾特惠者也此種款式始於英義條約故名之曰英義主義條款（一八六三）

三　一般條款及特種條款

一般條款謂不限於特定之事項卽指明記載最惠國條款之約中所規定之事項如通商航海條約中之最惠國條款卽指關稅通商航海之一切事項者也例如中丹條約（同治二年）第五十四款內載各國所有已定條約內載取益防損各事大丹國官民亦准無不同獲其美嗣後

大淸國或無論何國如有別項潤及之處亦可同歸一致期免輕重之分是也特種條欵謂限於特定之事項者也例如中美續約（同治七年）第三欵則專指領事第六欵則專指人民第七欵則專指入學等項是也

第三節　最惠國條欵之效力

最惠國條欵之效力卽取得與最惠國受同一待遇之資格是也有最惠國條欵之國所享有之權利利益非以最惠國條欵爲準則而以最惠國所享有之權利利益爲準則也有最惠國條欵之國家其所以與最惠國均沾者則全由於最惠國條欵有最惠國條欵國之均沾權隨條欵之廢止變更而亦廢止變更若載入該條欵之條約有所廢止變更則該條欵亦當受其影響

第四章　解決國際爭議之方法

國際爭議云者卽指國家間因權利利益而發生之衝突是也各國皆自主獨立當國際爭議發生之時以無最高權力爲之解決勢不得不訴諸兵力以爲最後之手段然爭議之性質不同如有不必訴諸兵力而可解決者務必使其依平和之方法或用相當之强制方法以謀解決是以國際法上捨戰爭以外另有解決國際爭議之方法其方法有二卽平和處理方法及强制處理方法是也

平和處理方法係出於爭議國之合意自一八九九年第一次萬國平和會議以來已訂爲條約爲各國所遵行至强制處理方法係以爭議國一方之意思强制他方僅爲慣例所承認而尙無條約然此等方法如遇爭議國間彼此未能合意或弱國對於强國主張權利之時即不能實行仍不足以達防止戰爭之目的於是因欲補救此種缺點乃謀國際聯合以防止戰端之發生爲永久平和之保障此種理想當歐洲十六七世紀時已甚發達其理想之內容可分二種即集權說與分權說是也集權說亦名世界政府說如義大利詩人但忒 Dante 之世界帝國論是也分權說亦名世界聯邦說如法王亨利四世Henry及其首相沙利 Sully 之歐洲聯邦計畫法國敎士聖不愛爾 Abbe Saint Pjerre 之永久平和策德人康德Kart之平和論法人羅梭Rousseau之歐洲聯合說是也自國家之觀念發達以來主張平和論者皆脫離集權說而主張獨立國互相聯盟近世學者主此說者甚多歐戰以前宣傳國際聯盟之思想者尤指不勝屈及歐戰發生自英之格雷美之威爾遜爲始以及各國之政治家學者或唱或和翕然相應其以國際聯盟草案提出於巴黎和會者有四一爲美總統威爾遜二爲英國斯馬次將軍三爲法國布魯治耶四爲姓名未詳之人以上四案由講和豫備委員會斟酌損益另成一案一九一九年二月十四日由威爾遜正式提出討論迭加修

丁性存

正始經確定卽對德講和條約及對奧講和條約第一編所載者是也

第一節　國際聯盟 Thedeague of Nations

第一欵　國際聯盟之目的

國際聯盟之目的據規約序言所載分爲二種

一　保持國際平和

二　增進國際協同

爲達此目的所採之方法如左

一　締約國有互相消弭戰爭之義務

二　以公明正大之方法規定國際關係

三　確立國際法之原則以爲各國政府行爲之規則

四　民族團體之彼此交涉應維持公道並恪遵條約上之義務

第二欵　國際聯盟之組織

聯盟分爲二種卽創始聯盟國及加入國是也創始聯盟國卽指聯盟規約附欵內所列之各簽押

丁性存

國及附欵內所列無保留加入本規約之各國是也加入國卽指附欵內未列名之國及有完全自治之屬地或殖民地是也原聯盟國之加盟須於規約實行後兩個月內提交宣言書加入國之加盟須經聯盟總會三分二之同意並須確切保障其有篤守國際義務之誠意承認聯盟所定關於海陸及空中兵力及其他軍備之規則（第一條第一項第二項）

聯盟國經兩年之預告得退出聯盟但在退出以前須將所有國際義務及聯盟規約上之一切義務完全履行（第一條第三項）

第三欵　國際聯盟之機關

國際聯盟之機關分爲三種卽聯盟議會聯盟董事會及其補助機關常設聯盟事務局（或稱秘書處）是也（第二條至第六條）

第一　聯盟議會Assembly　及聯盟議事會Council

一　組織

聯盟議會以各聯盟國之代表組織之各聯盟國得派三人以內之代表但各國祇有一投票權

聯盟董事會以九聯盟國之代表組織之各派代表一人各有一投票權參與聯盟董事會之國

有二種一爲協商及參戰領袖各國即美英法義日是也二爲由聯盟議會隨時選定之其他四聯盟國是也在未選定以前以比利時巴西日斯巴尼亞希臘之代表充任但聯盟董事會經議會多數同意得追加指定屬於第一種之國並得增加屬於第二種之國

聯盟董事會會員以九人爲原則但無代表列席於董事會之聯盟國當審議事項特別與之有關係時得派遣代表一名以會員名義列席

二　開會

聯盟議會及聯盟董事會之會議在聯盟本部所在地或其他指定之地點舉行議會以按照所定時期開會爲原則董事會隨時酌量開會但至少每年須開會一次

三　權限

處理關於聯盟舉動範圍以內或關係世界平和之一切事項（第三條第三項第四條第四項）至其具體事項規約中均分別規定茲不列舉

四　議事

聯盟議會及聯盟董事會之議決方法除另有明文規定外以得列席於會議之會員全體同意

爲必要

第二　常設聯盟事務局（或稱秘書處）The Permanent Secretariate

常設聯盟事務局設秘書長一員及秘書職員若干名第一任秘書長以附欵所載之員充之以後由董事會得議會多數之同意委任秘書及職員由秘書長得董事會之同意委任秘書長當議會及董事會開議時卽以秘書長之資格執行職務

聯盟事務局之經費按照萬國郵政聯合會國際事務局經費分配之比例由聯合國担任

第四欵　國際聯盟之事業

國際聯盟之事業依聯盟規約之規定分爲二類一曰維持國際平和一曰增進國際協同

第一　維持國際平和

關於維持國際平和之事業有三一制限軍備二消弭戰爭三平和處理國際紛爭是也

一　制限軍備

軍備過大則有誘起戰爭擾亂平和之虞是以聯盟國承認必須減縮軍備至最低之點以適足保衛國家之安寧及共同實行國際義務爲度其具體之標準由董事會酌量各國之情況製成

丁性存

減縮軍備之計畫以供各國之考慮決定惟此項計畫歷時過久則因各方面之情形發生變化務求使其設法故至少每屆十年應重行考量修正此項計畫之採用與否屬於各國之自由但一經採用非得董事會同意不得擴張軍備超過所定之制限（第八條第一第二第三欵四項）

因欲貫徹制限軍備之目的政府之製造軍火固宜限制即私人之製造軍火及戰爭材料亦有制限之必要聯盟董事會關於防止此種流弊當籌適當辦法報告聯盟各國政府聯盟各國應將關於軍備之程度陸海空中之進行程序及可供戰爭用之實業情形互相明白報告（第八條第五項）

關於加入國所應遵守之軍備規則及其他制限軍備之實行方法須有軍事專門之智識故設一經常委員會以便向董事會陳述意見）第九條）

二　消弭戰爭

聯盟國應尊重聯盟各國之領土完全及政治上之獨立並防禦外部之侵略如遇有此種侵犯或有所威嚇或危險時董事會應籌履行此項義務之方法（第十條）

丁性存

如有戰爭或戰爭之威嚇不論與聯盟國中之何國有無直接影響認爲關係聯盟全體之事項是以遇有此種事變發生時國際聯盟因維特國際平和當採用適當之處置（第十一條第一項）

凡關於國際關係之一切情形足以擾亂國際平和或國際平和所恃之良好諒解者聯盟各國當以友誼名義提請議會或董事會注意（第十一條第二項）

三　平和處理國際紛爭

聯盟規約以公斷及聯盟董事會之勸告爲平和處理國際紛爭之方法若聯盟國間發生爭議有斷絕國交之虞者不可將此事提交公斷或歸董事會審查且非俟公斷員判決後或董事會報告後經過三個月不得遽行開戰（第十二條）

甲　公斷

聯盟國間之爭議認爲適於公斷而爲外交手段所不能圓滿解決者應將爭議之事項完全提交公斷凡爭議之關於條約解釋或國際法上之問題或有無違反國際義務之事實以及因違反義務而賠償之範圍等均認爲適於提交公斷之事項（第十三條第一第二項）

受理爭議之公斷法庭應爲訴爭國所同意或爲訴爭國間現行條約所規定之法庭第十三條第三項

公斷員受理爭議以後應於相當之期間內發表判決訴爭國有誠實履行判決之義務對於履行判決之國不得遽行開戰對於未能履行判決之國聯盟董事會因期其履行當籌適當之處置（第十三條第四項）

乙　聯盟董事會之勸告

聯盟國發生爭議有斷絕國交之虞而不提交公斷時應將所爭事件提交董事會以謀解決其以爭議提交董事會者應由訴爭國將爭議通知秘書長秘書長卽當爲一切必要之準備以便調查審理董事會應盡力使此爭議得以解決於接受爭議後六個月內作成報告經理董事會之盡力而奏效者應公布全案詳叙事實說明爭點及解決辦法如不能奏效時則應將所爭事實及認公允適當之勸告作成報告公布（第十五條第一第二第三第四項第十二條第二項）

列席於聯盟董事會之聯盟國隨時得將事實及其決議公布（第十五條第五項）

勸告爲居中調停之一種其效力視勸告之情形而有差異勸告之經董事會一致贊成者則對於遵守勸告之國不得開戰勸告之未經董事會一致贊成者聯盟國因維持正義公道有執行適當處置之權利（第十五條第五六項第七項）

聯盟董事會基於自己之判斷得將爭議事件移送議會或經爭議國一造之請求將爭議事件移送議會以爭議事件移送總會時所有關有董事行爲及職權之規定適用於總會但議會之報告書如經多數同意其效力與董事會之報告經全體同意者相同（第十五條第九項第十項）

如爭議國之一造聲明爭議之事項在國際法上純屬該造本國法權範圍內之問題並經董事會承認者董事會應報告其事實之眞相而不必爲何等之勸告（第十五條第八項）

丙　制裁

聯盟國中有違背規約上所定之義務遽行開戰者當然視爲對於其他聯盟國爲戰爭行爲應加以制裁其制裁分爲三種一經濟上之制裁二軍事上之制裁三除名三者得同時并行或擇一而行

經濟上之制裁即違約國以外之各聯盟國對於違約國立刻與之斷絕商業上或金融上之關係禁止本國人民與該國人民之一切往來並不問是否聯盟國之人民亦當禁止與該國之人民爲金融上商業上或個人之往來其因軍事上之制裁有須使用兵力者聯盟董事會有將聯盟各國之陸上海上空中軍隊分擔之程度建議於各國政府之義務又欲使經濟上之制裁完全奏效聯盟國有彼此互相扶助之義務使各國因此所致之損失與困難減至極少之限度

除名處分不僅於對於違約開戰之國家對於違背規約之一切義務者皆得由董事會投票表決宣告除名（第十六條）

丁　非聯盟國發生爭議之解決方法

聯盟國與非聯盟國或兩國均非聯盟國遇有爭議不問有無斷絕國交之虞董事會應定一正當之條件邀請非聯盟國遵照所定條件解決爭議並卽開始調查爭議情形幷提出其所認爲最適當最有力之辦法

非聯盟國如承受邀請應負擔關於解決爭議聯盟國所應負之義務惟經董事會認爲必要

丁性存

時得加以修正被邀請之國如拒絕負擔聯盟國所應負之義務而向聯盟國遽行開戰則加以前項（丙）之制裁如相爭之國均屬非聯盟國拒絕負擔聯盟國所應負之義務時則董事會得提出防止戰爭解決爭議之方法並加以勸告（第十七條）

第二　增進國際協同

國際聯盟關於增進國際協同之事業有二一整理國際條約二文化事業是也

一　整理國際條約

國際聯盟爲國際共同生活劃一轉機之新主義其在舊主義下所訂之國際條約其他國際契約不合於新主義之精神者自當根據新主義爲之整理改革庶足以達增進國際協同之目的於是國際聯盟（第一）本於以公明正大之方法規定國際關係之主義聯盟國將來締結之各項國際條約或契約應立向聯盟事務局登錄並速由事務局發表在未經登錄以前不生效力（第十八條）（第二）聯盟國間彼此協定之義務或諒解與聯盟規約之條文抵觸者均因聯盟規約而廢棄並擔任將來不得訂立與聯盟規約條文抵觸之契約（第二十條第一項）（第三）聯盟國於未經加入聯盟以前依條約或契約之規定負擔義務

而與聯盟之規約抵觸者應立卽採用解除此項義務之處置（第二十條第二項）但爲公斷條約或孟祿主義以維持平和爲目的者不因聯盟規約而受影響（第二十一條）

又因國際事情之變化或其他之事由不能適用之條約或國際情勢繼續不已足以危及世界之平和者雖非顯然與聯盟規約抵觸而揆諸聯盟規約之精神不能相容者有改革之必要是以聯盟議會得隨時請聯盟國審議（第十九條）

二　文化事業

國際聯盟之文化事業爲國際協同之主要務其事業有四（一）未開地方之保育（二）國際行政（三統一國際機關（四）利用紅十字機關

甲　未開地方之保育

未開地方之保育卽爲委任統治問題因此次戰爭之結果前屬於數國統治權下之殖民地領土既不能復仍其舊而其地之人民又尙未克自立於近時鬥智競强之世界乃爲之代謀福利而發展此項人民居住之處謂之被保育地（第二十二條第一項）

保育國卽爲因其資力經驗或地理上之位置最適於担任保育之先進國由國際聯盟受保

丁性存

育之委託卽以代理國際聯盟之名義行使保育之任務（第二十二條第二項）

保育國之權利義務因委託之性質而異委託之性質因被保育地方人民發展之程度疆域之形勢經濟之情形及其他類似之狀況而有區別分爲三種第一種爲前屬土耳其帝國之某團體已至暫時可以認作獨立國之程度惟仍須由受託國予以行政之指導及扶助至其能完全自立之時爲止第二種爲中非洲之人民鑑於其發展之程度不得不設立一定之條件由受託國任地方行政之責第三種爲非洲之西南部及南太平洋數島因居民稀少幅員不廣距文明中心遼遠或因接近受託國之領土及其他情形宜受治於受託國法律之下作爲其領土之構成部分（第二十二條第三第四項）

乙　國際行政

關於國際利害關係重大之事項各國當取同一之步趨以期協力進行據聯盟規約所定者如下（一）勉力爲男女及幼童確保公正及合於人道之勞動條件並設立維持此項目的所必需之機關（二）對於在其監督土地內之土人確保公平之待遇（三）委託國際聯盟監督販賣婦孺販賣鴉片危害藥物等各種條約之實行（四）委託國際聯盟監督軍械

軍火之貿易（五）確保交通及通過之自由暨商務上之公道待遇（六）防治國際有關係之疾病（第二十三條）

丙　國際機關之統一

因欲統一國際利害關係事項並協力監督乃規定如下（一）依公共條約業已成立之國際事務局如經締結此項條約之各國認可應歸入國際聯盟管轄之下又將來創設之國際事務局或委員會亦歸國際聯盟管轄（二）依公共條約所規定之國際利害關係事項未屬於國際事局或委員會監督者聯盟事務局經締結此項條約之國家請求及董事會之許可應予以必要或所需之助力（第二十四條）

丁　紅十字機關之利用

聯盟國以改良世界衛生防治疾病減輕痛苦爲目的故有設立或協助正當組織之國民志願紅十字機關者當予以鼓勵提倡（第二十五條）

第二節　平和處理方法

第一　好意周旋good offices及居中調停Mebiation

兩國遇有爭議不能以直接談判解決第三國爲之疏通意思每每有奏偉大之效果者其干與之方法可分兩種好意周旋與居中調停是也此二者性質相同惟其參加之程度畧有不同而已前者爲僅以一方之意見通達於他方第三國之行動猶傳命之使者耳後者則由第三國參以己意爲雙方設法解決爭議者也

以上兩者性質相同故海牙平和會和解國際紛爭條約第二章內有同一之規定此二者有由爭議國請求者又有由第三國自進而爲之者惟由爭議國請求者第三國非必有承諾之義務故由一方受請求時不可不得他方之合意居中調停又非必在爭議國武力相見以前在戰爭開始後亦得爲之故戰時局外中立國之出而調停者不得視爲有碍友誼（第三條）好意周旋及居中調停云者與紛爭國親善之第三國以好意融和兩國之惡感爲之疏通意見是也然其性質有由紛爭國請求者有由第三國發意者第三國非立於判斷者之地位故第三國之意見對於爭議國非有拘束力者也（第六條）其由爭議國請求之時除有特約以外不因居中調停之故中止戰爭準備及受其他之障碍故調停在戰爭開始後者仍無妨於進行中之軍事行動（第七條）居中調停須經兩爭議國之同意故第三國提出之和解方法未經採用由爭議國之一方或調停者

丁性存

宣言時卽爲終了（第五條）又有所謂特別居中調停者限於事情之所許在戰爭開始以後遇有調停之機會仍得行之特別調停云者謂爭議重大慮其破壞平和時爭議國爲預防平和之破裂各選定一國爲之代理與他之一方所選定之國直接交涉是也（第八條）特別居中調停之第三國代爭議國談判事件必依委託國之意思非而可以已意思處置其期間除有明示以外須不逾三十日由調停國竭盡全力處理爭議

又國際聯盟規約規定國際爭議之不提交公斷者應經聯盟董事會之勸告是亦居中調停之一種也

第二　國際審查委員會 International Commissions of Inqiry

當國際紛爭之時因事實之眞相不明難以解決非外交上之手段所能妥爲處理者若卽從事戰爭則彼此不利故限於事情之所許者得設國際審查委員會以期解決其爭議

國際審查委員由爭議國間以特別條約定之名曰審查條約其方法除有特約以外與設置公斷委員之方法相同（第十二條）審查之事實及委員之權限手續悉規定於審查條約其關於審查規程所應遵守之方法及期限如未規定委員得自定之

丁性存

爭議國欲使審查委員審查故關於爭議之事實必使其精確詳明審查委員據其所呈出之各種證據物件審查事實作爲報告提交於爭議國爭議國據其報告得以自由決定故其報告書與公斷之宣告有別（第十二條至第三十五條）

第三　公斷 International Arbitration

國與國所生之爭議不能以外交上之手段解決於是由爭議國選定之第三者爲之審判是謂公斷

公斷法庭依爭議國間合意而設置就其所指定之事項爲之裁判故爭議國當先訂公斷條約以定事項之範圍且視爲表示服從法庭之判決並有履行之意思者也公斷條約不論因目前所生之爭議或因將來之爭議皆得締結凡爭議之目的及適用之原則公斷員之選任及其權限皆在條約中定之

公斷法庭有二種一爲臨時一爲常設前者遇有爭議事件時由爭議國選定之委員構成後者據海牙條約設於海牙有各國指定之公斷員遇有國際爭議時爭議國即就公斷員名簿指定所希望之人組織法庭是也

一　公斷之目的

國際爭議非悉可付諸公斷必其性質上可因裁判而解決者乃付諸公斷如法律問題之關於解釋適用國際條約者不能以外交上之手段解決時則以公斷爲最有效且最公平者也（第三十八條）故如關於國家重要之利益及政畧之衝突非可一任第三者之判定自不在公斷可以決定之列公斷之目的分爲任意與義務二種然除有條約負特別之義務者以外皆可視爲任意故何種事件可以付諸公斷具體言之可分兩種

甲　基於不法之損害金錢上之要求

乙　不有政治性質之國際條約及萬國聯合條約之解釋適用

其他凡締約國認爲可交公斷之事亦可歸諸公斷所以期公斷之普及也（第四十條）

二　公斷員之選任

公斷員之選任本屬於爭議國之自然不論爲法人爲自然人求其適當者可耳實際則多以他國之元首爲多但亦有以學會或學者其他私人爲公斷員者其訴於常設公斷法院者須就該法院所備公斷員名簿選定之

三　公斷員之職務權限

公斷員之職務亦以公斷條約定之公斷員所適用之法則亦有以公斷條約規定者若未規定適用之法則得依公斷員之意見據國際法上之原則及慣例解決之

公斷員與居中調停者不同故兩當事者提出之物件證據不可不與以判決其職務卽自宣告判決時終止（第八十二條）

四　公斷宣告之效力

公斷之宣告有拘束當事國之效力公斷經一審確定以不許上訴爲原則若有特種之理由者乃得請求覆勘（第八十三條）

五　公斷手續

公斷之手續以公斷條約定之若無特別條約者則可按照海牙條約第三節規定辦理

第四　經常國際裁判法庭 Permanent court of international justice

據國際聯盟條約第十四條之規定董事部應籌備設立經常國際裁判法庭凡屬於國際性質之爭議經當事國提出者該法庭有審判之權對於董事會或議會之諮詢亦可發表意見嗣由聯盟

董事會召集各國之公法家擬訂法院構成法草案經聯盟議會修正而後可決卽一九二〇年十二月十六日所公布之國際法庭規約是也（民國十年九月中國批准）

經常國際裁判法庭之組織管轄及適用之法則如左

一　法庭之組織

以正任裁判官十一人候補裁判官四人組成法庭（第三條）裁判官由聯盟議會及董事會選舉（第四條至第十條）

裁判官之任期九年任滿得再選（第十三條）

裁判官於執行職務時享外交官之特權與特許（第十九條）

法庭設於海牙（第二十二條）每年開庭一次但有必要時得臨時開庭（第二十三條）法庭之行使職權以全體會議爲原則至少有裁判官九人亦得組織法庭（第二十五條）關於特別事項設特別法庭（第二十六條至第二十八條）又依簡易訴訟法得設裁判分庭（第二十九條）

二　法庭之管轄

丁性存

法庭之權限有二一爲裁判爭議國所提出之爭議二爲應董事會或議會之諮詢者提出意見是也此外爲現行條約所特定之事項當歸法庭管轄（第三十六條）

三　法庭適用之法則

法庭之爲裁判適用左列各端（第三十八條）

一　國際成文法規　爭訟國已經承認之普通或特別國際條約中之規條

二　國際習慣法規　國際習慣通行有據視爲法律者

三　文明各國所公認之法律普通原則

四　司法判決例及著名公法家學說可作爲確定法律上規條之補助之用者

第三節　強制處理方法

第一款　報復　Retortion

報復云者如甲國害乙國利益之時乙國即以其方法害甲國之利益而以使相對國停止不當或不公平之措置爲其目的者也

第二款　報仇　Reprisal

報仇云者如甲國害乙國之權利時乙國採其相當之方法害甲國之權利而以相對國停止不法行爲爲其目的者也

第三款　扣留船舶　Embargo

此因他國有爲暴行者而扣留其在自國之船舶亦報仇之一種也

第四款　平時封鎖　Pacific Blockade

國際法中學理與實際不一致者平時封鎖是也平時封鎖始於十九世紀之初如一八二七年英俄法封鎖希臘沿岸是也據既往之平時封鎖而論不但扣留被封鎖國之船舶貨物且並第三國之船舶貨物而亦沒收之此以戰時之手段行於平時而在中立關係未成立前使第三國負中立之義務非得當也一八八七年萬國國際法學會會議決制限之法如左

一　懸掛外國國旗之船舶不論封鎖與否得自由入港

二　平時封鎖須有正式宣言及通知且以充分之兵力維持

三　被封鎖國之船舶破壞封鎖得以扣留但封鎖終了時其船舶與載貨應歸還原所有者其因拿捕所生之損害不在賠償之限

丁性存

第五欵　特拉古主義

一國人民對於他國有契約上之債權債權者所屬國對於債務國以兵力向其索償爲國際法所禁止此爲特拉古主義特拉古 Drago 者亞爾然丁之外交總長當一九〇二年英德意三國艦隊在委諸射拉行使平時封鎖特拉古以此主義發表故遂名曰特拉古主義第一次平和會所議決之制限用兵索債條約卽本此主義者也

註一　大使代表元首故其待遇獨降與他之使節不同就榮譽權而言大使之異於其他使節者約有數點（一）到任之時謁見之儀節嚴肅（二）得請駐在國之元首蒞舘（三）得於使館之接待室內設元首之座位（四）得受 Excellence 之稱號（五）普通之公使初至駐在國時須先訪問駐在該國之公使則有首先受他國公使訪問之權利（六）大使之配偶亦受同一之優遇是也捨是以外大使與其他公使在法理上無大差異或謂大使與駐在國之元首有直接談判之權然在於立憲政體之國大使縱有此權實際上無大效果蓋立憲國之元首非經閣員之協贊不能判定政治上之問題是以大使欲與元首直接協議有所不可唯對於獨裁國之元首則直接談判在政畧上利益較大耳此外則無特權可言然大使

之地位較高且受特別之優遇在政畧上設置大使亦有間接之利益例如對於駐在國之皇族要人交際之時較諸其他公使得較爲親密一旦有事得以發揮其手腕故便利較多其他如大使至外交部謁見外交總長時縱有他之使節先來求謁外交總長則當先延見大使而後與他之使節相晤又如他之使節與外交總長晤談之時若遇大使來謁得隨時中止而延大使入見此雖細事然遇有緊急交涉之時往往因晤面之遲速而決定大事之成敗是亦設置大使間接之利益也

註二　公使館不可侵權之範圍今昔大異當十六世紀時代不僅公使館享有不可侵權公使館所在之市區亦不受所在國主權之支配此權利名曰市區自由權因有此特權之故外交使節主張有庇護逃入該區內個人之權利犯罪人一旦逃入此種市區即非所在國警察權審判權所能及卽犯罪人立於外交使節保護之下執交與否一任使節之自由及十七世紀各國以此種特權流弊甚多起而反對至十八世紀此種特權乃歸消滅然就各國在我國所設公使館之現狀而言則大有歐洲十六世紀之景況溯其由來則始於辛丑和約茲將該約列後以供參考

丁性存

辛丑和約第七欵　大清國國家允定各使舘境界以爲專與住用之處並獨由使館管理中國民人不准在界內居住亦可自行防使館界線於附件之圖上標明如後（中略）中國國家應允諸國分應自主常留兵隊分保使館

就右約解釋是使館對於使館界線有管理權有永久駐兵權並因此而剝奪中國民人在該界內之自由居住權其弊較諸市區自由權爲尤甚豈獨立國之所宜有哉

註三　Vattel Twiss Rivier 皆謂列國公會與列國會議絕無區別徵諸事實亦然如一九〇六年之亞爾格西拉斯會議 Algeciras 參列者有十二國之代表而所解決者爲最重要之領土問題未嘗謂之列國公會又如一八九九年一九〇七年之海牙會議一九〇九年之倫敦會議皆設定國際法上原則之重要會合亦謂之列國會議可見此種名稱一任外交當局之選擇並無明確之標準茲爲參考之便列舉近時重要之列國公會於左如一八〇一年至二年之亞緬斯 Amiens 公會一八一四年之查地倫 Chatillon 公會一八一四年至一五年之維也納公會一八一八年之愛拉霞貝黎 Aix la chapelle 公會一八二〇年之他羅波 Troppau 公會一八二六年之巴拿馬 Ponama 公會一八五六年之巴黎公會一八七八年

之柏林公會是也最近威爾塞會議所應附以何種名稱爲最饒興味之問題如依上述先例稱爲威爾塞公會 The congress of Versailles 亦無不可

註四　一八五八年中英天津條約

第十七款　凡英國民人控告中國民人事件應先赴領事官衙門投禀領事官即當查明根由先行勸息使不成訟中國民人有赴領事官告英國民人領事官亦應一體勸息間有不能勸息者即由中國地方官與領事官會同審辦公平訊斷

英文如下

A British subject having reason to complain of a Chinese must proceed to the Consulate and state his grievance. The Consul will inquire into the merits of the case, and do his utmost to arrange it amicably. In like manner, if a Chinese have reason to complain of a British subject, the Consul shall no less listen to his complaint, and endeavour to settle it in a friendly manner. If disputes take place of such a nature that the Consul cannot arrange them amicably, then he shall request the assistance

丁性存

of the Chinese authorities that they may together examine into the merits of the case and decide it equitably,

譯文與原文畧有未符茲改譯如下

第十七欵　英國人民如有理由控告中國人民須赴領事處訴其苦況由領事攷察情節極力設法和解如中國人民有理由控告英國人民領事亦應聽其訴苦竭力和解如遇案件非領事所能和解者領事須求助於中國官吏會同調査情節公平解決

註五　一八五八年中英天津條約

第十六欵　英國民人有犯事者皆由英國懲辦中國人欺陵擾害英民皆由中國地方官自行懲辦兩國交涉事件彼此均須會同公平審斷以昭允當

英文如下

Chinese Subjects, who may be guilt of auy criminal act towards Bri tish subjects, shall be arrested and punished by the Chinese authorities according to the laws of China, British subjects,who may commit any Crime in Caina,shall de tried and Punished by the consul, or other Public functionary authorized thereto, according to the laws of Great Britain Justice shall be equitably and impartially ad. ministered on both sides,

漢文譯本與英文未符會同二字尤爲錯誤茲爲改譯如下

第十六欵　中國人民如對於英國人民犯刑法上之罪由中國官吏照中國法捕獲治罪英國人民如在中國境內犯罪者由領事或特派官員照英國法裁判治罪雙方裁判均須公正

又　一八七六年中英煙台條約

第二端第二段　咸豐八年所定中英條約第十六欵所載（條文見前）等語查原約由英文所載係英國民人有犯事者由英國領事官或他項奉派幹員懲辦等字樣漢文以英國兩字包括前經英國議有詳細章程並添派按察司等員在上海設立承審公堂以便遵照和約條欵辦理目下英國適將前定章程酌量修正以歸盡善中國亦在上海設有會審衙門辦理中外交涉案件惟所派委員審斷　案件或因事權不一或因怕招嫌怨往往未能認　眞審追茲議由總理衙門照會各國駐　京大臣應將通商口　岸應如何會同總署議定　承審章程妥爲商辦以昭公允

丁性存

英文如下

The British Treaty of 1858, Article XVI. lays down that Chinese subjects .... on both sides "The words functionary authorized thereto are tranlated in the Chinese text British Government,"

In order to the fulfilment of its treaty obligations tho British Government has established a Supreme Court at Shanghai with a special code of rules, which it is now about to revise, The Chinese Government has established at Shanghai a Mixed Court, but the officer Presiding over it either from lack of Power, or dread of unpopularity constantly fails to enforce his judgments,

It is now understood that the Tsung Li Yamen will write a circular to the Legations, inviting Foreign Representatives at once to consider with the Tsung Li Yamen the measures needed for the more effective administration of justice at the ports open to trade,

又中英烟台條約第二端第三段　凡遇內地各省地方或通商口岸有關係英人生命盜案件議由英國大臣派員前往觀審此事應先聲叙明白庶免日後彼此另有異辭威大臣即將前情備文照會請由總理衙門照覆以將來照辦緣由聲明備案至中國各口審斷交涉案件兩國法律既有不同只能視被告者爲何國之人即赴何國官員控告原告爲何國之人其本國官員只可赴承審官員處觀審倘觀審之員以爲辦理未妥可以逐細辯論庶保各無向隅各按本國法律審斷此卽條約第十六欵所載會同兩字本意以上各情兩國官員均當遵守

英文如下

It is agreed that, whenever a crime is committed affecting the person or property of a British subject, whether in the interior or at the open ports, the British Minister shall be free to send officers to the spot to be present at the investigation

To the prevention of misunderstanding on this point Sir Thomas Vade will write a note to the above effect, to which the Tsung Li Yamen will reply, affirming that this is the course of proceeding to be adhered tofor the time to come.

丁性存

It is further understood that so long as the laws of the two countries differ from each other there can be but one principle to guide judicial proceedings in mixed cases in China namely, the case is tried by the official of the defendant's nationality; the official of the plaintiff's nationality merely attending to watch the proceedings in the interests of justi e, If the officer so attending be dissatisfied with the proceed-ings it will be in his power to protect against them in detail The law administered will be the law of the nationality of the officer trying the case, This is the meaning of those words "huitung," indicating combined eation in judicial proceedings in Article XVI, of the Treaty of Tienlsin; and this is the cours cto be respectively followed by the officers of either nationality.

以上中英煙台條約中國譯文亦有未妥之處似應改正如左

第二端第二段　一八五八年中英條約第十六欵載明（條文見上）特派官員（functionary authorized thereto）一語中文譯作英國

英國政府欲實行各條欵起見已在上海設按察衙門特制法典此法典現將訂正

中國政府在上海設有審理公堂但審判官往往以能力薄弱或以懼失民心之故常不克行其判斷

現在議定由總理衙門通告外國公使請其卽與衙門會商辦法使商埠之司法管理更有效力

第二端第三段　自此議定無論何時如犯罪與英人生命財產攸關無論在內地或在通商口岸英國公使得在調查情節之時自由派員蒞止

威大使爲避誤會起見將以上情形通告總理衙門總理衙門將答以此後照辦又因中英二國法律不同關係兩國人民之案件內惟有一術可以辦理司法案件即須以被告所屬國之官吏審理是但至原告所屬國之官吏僅能到堂觀察訴訟辦法公正與否耳如此項觀察官吏對於訴訟進行有不滿意處可以提出詳細之抗議審理案件所用須以審判官所屬國之法律爲據此卽天律條約第十六條會同二字（卽司法上共同動作之意）之意義也兩國官吏均宜遵守

註六　一八八〇年中美續約第四欵

儻有中國人與美國人因事相爭兩國官員應行審定中國與美國允此等案件被告係何國

之人即歸其本國官員審定原告之官吏於審定時可以前往觀審承審官應以觀審官禮相待該原告之官員如欲添傳證見或查訊駁訊案中作證之人可以再行傳訊儻觀審之員以爲辦理不公亦可逐細辯論並詳報上憲所有案件各審定之員均係各按本國法律辦理中英煙台條約內亦有觀審之議條文見前自前清光緒三十四年新式法院成立以來以司法獨立不受干涉故由法院審判之案純依法定訴訟程序外人不得參與惟由各縣公署訊辦之華洋訴訟仍許外人觀審外人以我國法院審理訴訟遠勝於縣公署故拋棄觀審權而訴於法院者日見其多

註七

治外法權英語爲 Extraterritoriality 領事裁判英語爲 Consular jurisdiction 名稱既殊性質自異惟習慣上往往稱領事裁判爲治外法權我國與各國所訂條約恒有此例如一九〇二年中英馬凱條約第十二款一九〇三年中日續訂商約第十一款一九〇八年中國瑞典商約第十款中所謂治外法權 Extralerritorial right 即指領事裁判權一九一八年中國瑞士通好條約附件有關於領事裁判權（即治外法權）一語洋文爲 with reg ardin consular jurisdiction, i e, extraterrilorial rights 又如一九二一年華府會議關於中國之領事裁判權議決案西文仍稱領事裁判爲治外法權惟一九二〇年之中波通好條約第五條中所稱領事裁判權原文爲 juridiction Consulaier（法文）又民國十三年中俄解決懸案大綱協定第十二條規定蘇聯政府允諾取消治外法權及領事裁判權（據英譯爲 the rights of extraterriteriality and consular jurisdiction）二者同時並用尤爲奇異

以性質本不相同之事而用同一之名稱極易惹起誤解然今人每稱領事裁判爲治外法權何也蓋有二因一爲領事裁判與治外法權兩者有相同之一點即不受所在國法律之支配是也二爲領事裁判權一語亦有不甚妥當之處蓋享有領事裁判權之國家其制度亦不一律對於在外國之本國人非必盡由領事裁判（有專設法官者有委託使館者）而領事所享有者亦不僅裁判一事（如在中國之各國領事大多有警察權）故有少數學者以爲不如稱爲治外法權然就學理上論之二者根本上大有差異決不宜用同一之名稱至中俄協定中之所謂治外法權殆指領事裁判以外之一切特權決非指國際法上許外國元首公使等所享有之特權也

註八　一九一九年中國政府曾提出希望撤銷領事裁判權條件於華盛頓會議其大旨如左

中國請求有約諸國允於一定期間內下列兩項條件實行後將現行於中國境內之領事裁判權制度實行撤廢

一刑法民法商法及民事訴訟法刑事訴訟法完全頒布

二各舊府治所在地（實際外國人普通居住之地）地方檢察廳完全設立

中國允於五年內實行右列兩條件同時要求有約諸國允俟該項條件實行後即將領事裁判權撤廢其在中國境內設有特別法庭者同時一並裁撤並請求有約諸國在領事裁判實行撤廢之前爲下列兩項之許可

一華洋民刑訴訟被告爲中國人則由中國法院自行訊斷無庸外國領事觀審參預

二中國依法院發布之傳拘票判決書得在租界或外國人居宅內執行無庸外國領事或司法官審查

一九二一年經美比英法義日本荷蘭葡萄牙等國決定代定關於中國之領事裁判權之議決案其大旨如左

上列各國政府應組織一委員會（各該政府各派委員一人）考察在中國領事裁判權之現在辦法以及中國法律司法制度暨司法行政手續以便將考察所得關於各該項之事實報告於上列各國政府並將委員會所認爲適當之方法可以改良中國施行法律之現在情形及補助幷促進中國政府力行編訂法律及改良司法足使各國逐漸或用他種方法放棄各該國之領事裁判權者建議於上列各國政府

又有追加議決案二種一爲在中國有領事裁判權之國未加入議決案者得續行加入二爲聲明中國業已注意於前項議決案並宣言擬派一人爲代表有列席該委員會爲會員之權但對於該委員之建議得自由取捨

註九　各國領事裁判所之組織

一法國　在中國之領事裁判分三級一爲駐華領事法院二爲法領越南西貢法院三爲巴黎大理院領事法院設於中國重要口岸管轄一切民事訴訟但刑事重案須經預審者其公判審理屬於西貢第一審法院駐華領事僅預審而已領事法院之審判除預審及違警犯由領事獨任以外均取合議制以領事爲裁判長由法人公選二人爲陪審西貢法院分

兩審第一審爲公判在華預審之案件以專門推事三人與陪審二人組織之第二審得平反駐華領事之民刑裁判且於預審案件雖經西貢法院第一審判決者亦得平反此法院以裁判長一人及人民代表一人專門陪審員七人組織之其判決有不公者得控之巴黎大理院

二日本　在中國之領事裁判由各地領事以獨任制行之專任一切民刑案件之第一審但刑事須預審者僅能爲預審其公判則移送長崎地方裁判所又外務大臣認爲必要之案件得禁止領事管轄令由內地裁判所或殖民地裁判所辦理不服領事之判決者應視案情輕重上訴於長崎控訴院或地方裁判所第三審則於東京大審院行之但在東三省（除間島）對於領事判決之上訴須視案情輕重向關東州高等法院或地方法院爲之且以此爲終審不得上訴

三英國　由領事組織地方法院執行一部分之裁判權此外於上海設立正式高等法院而終審機關則爲本國樞密院

一　地方法院　Provincial conrt　各領事管轄區域（除上海爲高等法院直轄者外）各

置地方法院由該地領事組織民事除法定專屬高等法院管轄者外均得受理刑事則僅能宣判一年以下之徒刑拘役二百磅以下之罰金其審判係領事獨任制但訴訟物價百五十磅以上之民事及徒刑三月以上罰金二十鎊以上之刑事須用參審員 Assessor 參審員以有專門智識協助裁判官為宗旨不得參與判決其員額二人至四人由領事隨時定之

二　高等法院 Suprme court for China 高等法院設於上海其管轄範圍及於中國全境在第一審除就地方法院管轄事件亦有共同管轄權外受理不屬地方法院管轄之一切民刑訴訟在第二審則受理對地方法院判決或本院第一審判決之上訴故高等法院實兼第一審第二審之兩級者也

高等法院設正推事一人補助推事若干人其法庭組織有獨任合議二種在第一審用獨任制在第二審則刑事用合議制民事兩者皆可由法院隨時酌定凡案情重大者須用陪審員或參審員陪審員以五人至十二人為度參審員以一人至三人為度高等法院之管轄及於中國全境故其推事或補助推事得隨時巡視各地方轄境審判一切民刑事件其

丁性存

巡視時期及次數無定則惟遇必要始行之

三　英國本國樞密院　對高等法院所爲第二審判決有不服者得上訴於英本國樞密院

四　美國　昔採二級制輕微案件由各地方領事裁判有不服者則以公使爲第二審嗣以此制未善仿英制設駐華美國地方法院其從前之領事法院仍未廢止惟權限大爲減縮美國在華各領事法院除上海領事無裁判權外對於民事僅美金五百元以下之案件得受理之對於刑事則僅拘役二月以下或罰金百元以下之案件得受理之

美國在華地方法院在第一審管轄所在地（即上海）一切民刑案件及不屬各領事法院之一切民刑案件在第二審則管轄對各領事法院判決之上訴至對本地方法院判決有不服時須向美國舊金山高等法院上訴地方法院現設於上海其範圍實及於中國全境每年至少須往廣東天津開庭一次其他有必要時亦得隨時隨地開庭現設正推事一人任期十年

註十　條約有不待批准而於簽字之日卽生效力者如一九一九年之日英同盟條約第六條

規定本協約自簽字之日即行實施又如中俄解決懸案大綱協定第十五條規定本協定自簽字日起即生效力是也又有不待實行交換而於批准之日起即生效力者如一九二一年中德協約第七條規定本協約應於極早期間批准於兩國政府彼此互相知照業經批准之日起即行發生效力是也